AF523892

Sirtuin Diät

Abnehmen mit Sirtfood für Anfänger

Inklusive 80 einfachen und leckeren Rezepten, Einkaufsplaner und Nährwertangaben

Alle Ratschläge in diesem Buch wurden sorgfältig erwogen und geprüft. Eine Garantie kann dennoch nicht übernommen werden. Eine Haftung des Autors beziehungsweise des Verlags für jegliche Personen-, Sach- und Vermögensschäden ist daher ausgeschlossen.

Sirtuin Diät: Abnehmen mit Sirtfood für Anfänger – Inklusive 80 einfachen und leckeren Rezepten, Einkaufsplaner und Nährwertangaben

Abnehmen und dem Körper etwas Gutes tun

Man hungert, es werden Shakes getrunken oder es müssen Lebensmittel weggelassen werden. Diäten sind eine Tortur für den Körper, purer Stress. In den ersten Tagen hat man das Gefühl, verhungern zu müssen, und wenn man dann etwas isst, kann man kaum genug bekommen, da ist der Jojo-Effekt nicht weit entfernt.

Ich möchte Ihnen zeigen, wie es ganz ohne lästigen Verzicht und den gefürchteten Jojo-Effekt geht. So schwer ist das nämlich gar nicht! Sie werden im Laufe des Stöberns in diesem Buch merken, dass man kein Lebensmittel streichen muss, um abzunehmen. Wir wollen gesund Gewicht verlieren, ganz ohne Stress oder Hungern.

Low Carb, Paleo-Diät und Co. sind Schnee von gestern! Entdecken Sie eine Diät, die jeder schaffen kann, ohne dabei am Hungertuch zu nagen. Tun Sie mit jedem Bissen, den Sie essen, Ihrem Körper etwas Gutes, halten Sie Ihren Körper und Ihre Seele gesund. Wie das geht, zeige ich Ihnen anhand von Lebensmittellisten, Rezepten und viel Motivation.

Lassen Sie uns gemeinsam lästige Pfunde verlieren und dabei das Essen genießen, was wir zubereitet haben. Das Beste ist noch: Alle Lebensmittel, die Sie aus diesem Buch herauslesen können, sind im einfachen Supermarkt zu finden und brauchen kein großes Budget, um ergattert zu werden!

Nun wünsche ich Ihnen viel Spaß beim Stöbern, Entdecken und selbst Kochen!

Gutes Gelingen und einen guten Appetit!

Inhaltsverzeichnis

Abnehmen und dem Körper etwas Gutes tun 5

Was ist die Sirtfood-Diät? 11

Der Wochenplaner 13

Ein Blick in den Einkaufswagen – Lebensmittelliste 15

Frühstücksrezepte 18

Matcha Pancakes 19

Süßkartoffelrohkost mit Weintrauben 20

Wraps mit Rucola, Trauben und Gorgonzola 21

Powerfrühstück mit Weintrauben 22

Beeren-Walnuss-Frühstück 23

Smoothie-Bowl mit Beeren 24

Buchweizen-Pancakes mit Kokos 25

Buchweizenporridge mit Apfel, Cranberrys und Haselnüssen 26

Selbstgemachtes Crunchy-Nuss-Müsli 27

Buchweizen-Porridge mit Beeren 28

Haferporridge mit Zitrusfrüchten 29

Mittagsrezepte 30

Blumenkohl-Kapern-Pesto 31

Eier-Brokkoli-Salat 32

Blumenkohlsalat mit Kichererbsen 34

Klare Grünkohlsuppe mit Kichererbsen und Tomaten 36

Chili-Lachsfilet mit pikanter Paprika-Mango-Soße 38

Quinoa mit Brokkoli, Pilzen und Currysoße 40

Scharfer Steaksalat mit Chinakohl und Papaya 42

Pürierte Linsensuppe mit Steinpilzen und Entenbrust 44

Soja-Kichererbsen-Chili 46

Süßkartoffelsuppe mit Ingwer und Orange 48

Geröstete grüne Bohnen mit Zitrone und Dill 50

Chili-Brokkoli-Blumenkohl-Salat 52

Knusprige Blumenkohl-Brokkoli-Nuggets 53

Crunchy-Quinoa-Salat mit Pistazien 55

Kräuter-Buchweizen-Wraps mit geräuchertem Lachs 57

Lachsküchlein mit Quinoa-Salat 59

Quinoa-Auflauf mit Gemüse 60

Sesam-Tofu auf Blumenkohlreis 62

Quinoa-Salat 63

Buchweizen-Gemüse-Pfanne 65

Feine Brokkoli-Taschen 66

Mexikanische Quinoa-Pfanne mit Avocado 68

Grünes Hähnchencurry 70

Mariniertes Hähnchenbrustfilet mit grünem Gemüse 72

Lachs auf Salat mit Buchweizen und Limettendressing 74

Buchweizenecken mit Joghurt 76

Buchweizen-Frikadellen 77

Gebackene Gemüsescheiben mit Buchweizen, Paprika und Joghurt 79

Scharfe Buchweizen-Gemüsepfanne 81

Rezepte für das Abendessen 82

Waldorfsalat 83

Gurkensalat mit Weintrauben und Honigmelone 84

Schneller Käse-Trauben-Salat mit Walnüssen 85

Hühnchenspieße mit grünem Tee 86

Blumenkohlsalat 87

Römersalat mit Zitrusfrüchten 89

Grüne Erbsenschaumsuppe mit Lachs 90

Grüne-Bohnen-Gemüsesuppe 91

Cremige Brokkolisuppe mit Kokosmilch 93

Buchweizen-Gemüsesuppe 94

Grüne Gemüsesuppe mit Tofu und Miso 96

Grüne Kopfsalat-Suppe 97

Rezepte für den kleinen Hunger 98

Müsli-Beeren-Eis 99

Zitrusfrucht-Smoothies 100

Smoothie mit Heidelbeeren und Banane 101

Zitrusfrüchte-Pudding im Glas 102

Superfood-Nussriegel 104

Grüner Smoothie mit Apfel, Kiwi und Spinat 106

Apfelchips 107

Kokosmilch-Beeren-Smoothie 108

Clementinen-Apfel-Smoothie 109

Cremiges Beereneis ohne Eismaschine 110

Sommerliche Apfel-Kokos-Bällchen 111

Matcha-Kokos-Energy-Balls 112

Beeren-Joghurt-Bars 113

Matcha Latte 114

Nektarinen-Weintrauben-Smoothie 115

Matcha Milchshake mit Kokossahne und Schokosauce 116

Matcha-Eiweiß-Riegel 117

Grüntee-Limonade 119

Matcha-Taler mit Schokolade 120

Fingerfood-Trauben im Schokomantel 122

Matcha-Minz-Eis am Stiel 123

Smoothie mit Mango und grünem Tee 124

Kokos-Matcha-Kuchen 125

Zitrus-Guacamole mit Grapefruit, Orange und Frühlingszwiebeln 128

Orangenplätzchen mit Matcha-Glasur 129

Chiapudding mit Kaki und Walnüssen 131

Gemüsechips 132

Überbackener Ofen-Blumenkohl 134

Was ist die Sirtfood-Diät?

Sirtfood bezeichnet jene Lebensmittel, welche das Sirtuin-Enzym aktivieren und Ihnen so helfen, Ihre Mahlzeiten besser zu verstoffwechseln. Erfinder der Diät und Entdecker der positiven Wirkungen von Sirtuin sind Goggins und Metten, Ernährungsmediziner und Autoren des Diät-Bestsellers „Die Sirtfood-Diät".

Die sogenannten Sirtuine sind Enzyme, welche den Stoffwechsel, Entzündungsprozesse sowie den Alterungsprozess beeinflussen. Aktiviert werden Sirtuine durch sekundäre Pflanzenstoffe, welche das Immunsystem der Pflanze bilden. Bei uns Menschen sorgen sie für einen optimierten Stoffwechsel, eine verbesserte Immunabwehr, Krebsschutz und sogar für eine Lebensverlängerung.
Bei der Sirtfood-Diät handelt es sich also um ein Ernährungsmodell, bei welchem Sie Lebensmittel zu sich nehmen, die genau diese sekundären Pflanzenstoffe in sich tragen. Von Vorteil ist diese Diät für jene, die ohne Verzicht und gesund abnehmen wollen. Sie haben also keine Lebensmitteleinschränkungen, sollten aber darauf achten, möglichst viele sirtuin-aktivierende Pflanzenstoffe in Ihre Ernährung einzubauen. Wenn Sie nicht nur ein paar Pfund verlieren wollen, sondern ordentliche Erfolge verzeichnen möchten, sollten Sie außerdem Ihre tägliche Kalorienzufuhr einschränken.

Die Sirtuin-Diät oder Sirtfood-Diät gliedert sich hierbei in drei Phasen, welche unbedingt befolgt werden sollten, um Ihrem Körper genügend Eingewöhnung in die neue Ernährung zu ermöglichen. Zu Beginn reduzieren Sie die tägliche Kalorienzufuhr auf 1000 kcal, welche sich aus Säften und einer Hauptmahlzeit zusammensetzen. Diese erste Phase sollte mindestens drei Tage und maximal eine Woche andauern. Während dieser Phase entgiften Sie Ihren Körper und bereiten ihn auf die kommende Ernährungsumstellung vor. Nach dieser Phase beginnt die zweite Phase, in welcher Sie aktiv an Gewicht verlieren werden. Steigern Sie während dieser Zeit die tägliche Kalorienzufuhr auf 1500 kcal, welche sich aus jeweils zwei Säften und zwei Hauptmahlzeiten zusammensetzen. Haben Sie Ihr Wunschgewicht erreicht, gehen Sie in die dritte Phase über. Diese Phase beschreibt das Halten des erlangten Gewichts und stellt die dauerhafte Ernährungsumstellung dar. Diese festigen Sie mit 1800 kcal täglich, wobei Sie darauf achten sollten, nicht in alte Gewohnheiten zu verfallen. Ernähren Sie sich proteinreich, abwechslungsreich und gesund!

Aufgrund dieser Phaseneinteilung bleibt Ihnen der Jojo-Effekt erspart, da Sirtuine die Muskelstammzellen aktivieren. So werden die Muskeln – ähnlich wie beim Sport – gestresst und der Reparaturmechanismus setzt ein. Aufgrund dessen entsteht neue Muskelmasse, weißes Fett schmilzt und braunes Fett – der Energiefresser schlechthin – baut sich auf.
Halten Sie sich an die Phasen und treiben Sie nebenbei noch etwas Sport, steht den purzelnden Pfunden also nichts mehr im Wege!

Der Wochenplaner

Downloadlink: https://cutt.ly/noEb2X

MEIN WOCHENPLANER

WOCHE:

	FRÜHSTÜCK	MITTAGESSEN	ABENDESSEN	SNACKS
MO				
DI				
MI				
DO				
FR				
SA				
SO				

EINKAUFSLISTE

Ein Blick in den Einkaufswagen – Lebensmittelliste

Nun möchte ich Ihnen gerne ein paar Lebensmittel vorstellen, welche bei Ihrem nächsten Einkauf definitiv nicht fehlen sollten, wenn Sie die Sirtuin-Diät ausprobieren möchten.

1. Zitrusfrüchte (Orange, Zitrone und Co.)
Zitrusfrüchte sind reich an Naringenin und Hesperidin. Dies sind Flavonoide, welche blutdrucksenkend und durchblutungsfördernd wirken.

2. Blaubeeren, Himbeeren, Aubergine und Co.
Die dunkelblauen bis violetten Anthocyane sind antioxidativ sowie zell- und genschützend.

3. Dunkle Schokolade, grüner Tee, Matchatee
Der Bitterstoff Catechin ist zell- und gefäßschützend sowie cholesterin- und krebshemmend.

4. Rote Beeren (Trauben, Himbeeren, Erdbeeren und Co.)
Der berühmte sekundäre Pflanzenstoff Resveratol befindet sich auch in Rotwein und wirkt krebshemmend, antidiabetisch sowie lebensverlängernd. Er ist außerdem einer der Fett-Killer!

5. Soja
Die in Soja enthaltenen Isoflavone haben eine günstige Wirkung auf Blutzucker, Blutfette und Blutdruck.

6. Grüner Tee
Eben schon einmal aufgetaucht, besitzt grüner Tee weitere positive Eigenschaften, welche auf den Pflanzenstoff Epigallecatechingallat – kurz EGCG – zurückzuführen sind. Dieser wirkt zellschützend, immunstärkend und krebshemmend.

7. Kurkuma
Das Powergewürz Kurkuma besitzt den Pflanzenstoff Kurkumin, welcher entzündungshemmend, immunstärkend, verdauungsfördernd sowie krebshemmend wirkt.

8. Chili
Capsaicin ist in Chili enthalten und verspricht eine krebshemmende, blutverdünnende, magenschützende, zellschützende sowie blutzuckersenkende und fettstoffwechselsteigende Wirkung. Chili ist also ein Must-Have bei der Fettverbrennung.

9. Blumenkohl und Brokkoli
Glukoneptan wirkt antioxidativ sowie krebs- und entzündungshemmend und gehört definitiv zur Sirtuin-Diät dazu.

10. Knoblauch
Wahrscheinlich kennen Sie schon einige positive Wirkungen von Knoblauch auf den Körper im Zusammenhang mit Erkältungen. Allerdings ist das darin enthaltene Allicin neben der antibakteriellen Wirkung auch noch positiv für den Cholesterinspiegel. Außerdem schützt es vor Zellschäden.

11. Äpfel
Äpfel sind die Ballaststoff-Lieferanten schlechthin und wirken so schnell sättigend. Das enthaltende Quercetin wirkt außerdem antioxidativ. Für den kleinen Hunger also immer einen Apfel bereithalten!

12. Buchweizen
Der sekundäre Pflanzenstoff Rutin wirkt blutzucker- sowie blutdrucksenkend und stärkt außerdem die Gefäße.

13. Nüsse (Walnüsse, Erdnüsse, Cashews und Co.)
Besonders Walnüsse sind ja als Superfood bekannt, aber auch alle anderen Nüsse enthalten Phytostine, welche antioxidativ, blutdruck- und blutzuckersenkend wirken. Außerdem stärken sie die Gefäße, senken den Cholesterinspiegel und steigern die Hirnleistung. Alle Nüsse wirken sich positiv auf unser Herz-Kreislauf-System aus.

14. Petersilie
Petersilie wirkt nachweislich entwässernd und entgiftend und sollte deshalb nicht auf Ihrer Liste fehlen.

15. Grünes Gemüse
Gemüse wie etwa grüne Gurken, Salat oder Sellerie wirkt antioxidativ und immunstärkend.

16. Kapern
Nicht jeder mag sie gerne und dennoch sollten Sie sie auf Ihre Liste schreiben. Kapern treiben den Stoffwechsel an, senken den Cholesterinspiegel und den Blutzucker und wirken antioxidativ.

Das sind nur ein paar Lebensmittel, die auf Ihrer Liste nicht fehlen dürfen und welche zum großen Teil in den Gerichten enthalten sind, die Sie in diesem Buch finden werden.

Frühstücksrezepte

Matcha Pancakes

Zubereitungszeit: ca. 1 Stunde und 12 Minuten

Schwierigkeitsgrad: leicht

Zutatenliste für 15 Pancakes:

1 Ei, 80 ml Milch, 2 EL geschmolzene Butter, 2 EL Zucker, ½ TL Vanille-Extrakt, 60 g Weizenmehl, 2 EL Matchapulver, 1 ½ TL Backpulver, 1 Prise Salz

Zubereitung:

1. Mischen Sie die trockenen Zutaten (Mehl, Matcha, Backpulver und Salz) in einer großen Schüssel und schmelzen Sie danach die Butter.

2. Verquirlen Sie in einer zweiten Schüssel das Eis mit der Milch, der geschmolzenen Butter, dem Zucker und dem Vanille-Extrakt. Geben Sie die Ei-Masse dann zur Mehlmischung dazu und verrühren Sie alles gut.

3. Erhitzen Sie etwas Butter in einer Pfanne und geben Sie die Pancakes mit einem Schöpflöffel hinein. Braten Sie die Pancakes von jeder Seite für 2 Minuten an.

4. Servieren Sie die Pancakes mit einem Topping Ihrer Wahl.

Nährwertangaben pro Pancake:

39 kcal, 5 g Kohlenhydrate, 1 g Proteine, 1 g Fett

Süßkartoffelrohkost mit Weintrauben

Zubereitungszeit: 30 Minuten

Schwierigkeitsgrad: leicht

Zutatenliste für 2 Portionen:

100 g Süßkartoffeln, 100 g Weintrauben, ½ Apfel, 40 g Walnüsse, 2 EL Salatöl, Saft einer halben Zitrone, ½ EL Agavendicksaft

Zubereitung:

1. Schälen und raspeln Sie die Kartoffeln, begießen Sie sie mit etwas Zitronensaft und lassen Sie die Mischung für 15 Minuten ziehen.

2. In der Zwischenzeit waschen und vierteln Sie die Weintrauben und den Apfel. Entkernen Sie den Apfel und schneiden Sie ihn in Stücke. Hacken Sie die Walnüsse und geben Sie die Weintrauben, die Walnüsse und den Apfel sowie den Agavendicksaft zu den Kartoffeln.

3. Mischen Sie alles gut durch und servieren Sie.

Nährwertangaben pro Portion:

342 kcal, 26 g Kohlenhydrate, 4 g Proteine, 23 g Fett

Wraps mit Rucola, Trauben und Gorgonzola

Zubereitungszeit: 20 Minuten

Schwierigkeitsgrad: leicht

Zutatenliste für 2 Wraps:

35 g Rucola, 50 g helle Trauben, 50 g lila Trauben, 50 g Gorgonzola, 25 g saure Sahne, 1 EL Milch, 1 Prise Salz, 1 Prise Pfeffer, 2 EL Pinienkerne, 2 Wraps

Zubereitung:

1. Waschen Sie den Rucola und lassen Sie ihn abtropfen, dann hacken Sie ihn grob. Die Trauben halbieren Sie und den Gorgonzola schneiden Sie in Stücke.

2. Rühren Sie den Gorgonzola mit saurer Sahne und Milch glatt und schmecken Sie mit Salz und Pfeffer ab.

3. Rösten Sie die Pinienkerne fettfrei in einer Pfanne. Stellen Sie sie dann beiseite. In der gleichen Pfanne erwärmen Sie die Wraps nach Packungsanleitung.

4. Streichen Sie die Gorgonzolacreme auf die Fladen und belegen Sie sie mit Rucola, Trauben und Pinienkernen.

5. Rollen Sie nun die Wraps zusammen und genießen Sie sie!

Nährwertangaben pro Wrap:

424 kcal, 45 g Kohlenhydrate, 16 g Proteine, 18 g Fett

Powerfrühstück mit Weintrauben

Zubereitungszeit: 15 Minuten

Schwierigkeitsgrad: leicht

Zutatenliste für 2 Portionen:

50 g Mandelsplitter, 200 g Haferflocken, 150 g Magerquark, 50 g körniger Frischkäse, 1 Becher Naturjoghurt, 6 EL Honig, 200 g kernlose helle Trauben

Zubereitung:

1. Erwärmen Sie eine kleine beschichtete Pfanne. Schlagen Sie währenddessen den Quark, den körnigen Frischkäse und den Joghurt mit Honig zu einer glatten Masse auf.

2. Geben Sie gehackte Mandeln oder Mandelsplitter mit Haferflocken in die Pfanne und rösten Sie alles unter Rühren, bis es duftet.

3. Füllen Sie die gerösteten Mandeln und Haferflocken in eine Schale. Waschen Sie dann die Trauben und halbieren Sie sie. Geben Sie die Trauben dann mit in die Schale.

4. Geben Sie dann die Quarkmischung dazu.

Nährwertangaben pro Portion:

890 kcal, 128 g Kohlenhydrate, 34 g Proteine, 23 g Fett

Beeren-Walnuss-Frühstück

Zubereitungszeit: 10 Minuten

Schwierigkeitsgrad: leicht

Zutatenliste für 2 Portionen:

250 g Himbeeren, 250 g Heidelbeeren, 6 EL Walnüsse, 4 EL Dinkel und Roggen gemischt (ganze Körner), Kardamompulver, Zimtpulver, Vanillepulver

Zubereitung:

1. Geben Sie die Heidelbeeren und die Körner für 2-3 Minuten in einen Topf mit aufgekochtem Wasser. Erwärmen Sie sie nur kurz.

2. Gießen Sie das Wasser ab und geben Sie die Heidelbeer-Körner-Mischung zusammen mit den Himbeeren und den Walnüssen in eine Schüssel.

3. Würzen Sie das Gemisch nach eigenem Belieben.

Nährwertangaben pro Portion:

383 kcal, 37g Kohlenhydrate, 9 g Proteine, 20 g Fett

Smoothie-Bowl mit Beeren

Zubereitungszeit: 5 Minuten

Schwierigkeitsgrad: leicht

Zutatenliste für 2 Portionen:

2 gefrorene Bananen, 3 EL Acai-Pulver, 4 EL Haferflocken, 2 TL geschrotete Leinsamen, 400 g Beeren nach Wahl, 200 ml Mandelmilch, Topping: Nüsse

Zubereitung:

1. Geben Sie alle Zutaten in den Mixer und mixen Sie, bis eine cremige Konsistenz entsteht.

2. Garnieren Sie die Smoothie-Bowl anschließend mit dem Topping.

Nährwertangaben pro Portion:

254 kcal, 48 g Kohlenhydrate, 5 g Proteine, 4 g Fett

Buchweizen-Pancakes mit Kokos

Zubereitungszeit: 25 Minuten

Schwierigkeitsgrad: leicht

Zutatenliste für 8 Pancakes:

140 g Buchweizenmehl, 1 TL Backpulver, 1 Päckchen Vanillezucker, 1 Prise Salz, 2 große Eier, 2 EL Kokosöl, 250 ml Mandelmilch, 2 EL ungesüßte Kokosflocken

Zubereitung:

1. Vermischen Sie Mehl, Backpulver, Vanillezucker, Salz und Kokosflocken in einer großen Schüssel. In einer anderen Schüssel vermischen Sie Eier, geschmolzenes Kokosöl und die Mandelmilch und gießen den flüssigen Mix dann über den trockenen Mix. Vermischen Sie alles gut!

2. Erhitzen Sie auf mittlerer Stufe ein wenig Kokosöl in einer beschichteten Pfanne. Geben Sie pro Pancake ca. 50 ml des Teigs in die Pfanne.

3. Braten Sie die Pancakes pro Seite je 3 Minuten, bis der Teig Blasen wirft. Wenden Sie den Pancake und backen Sie ihn goldbraun.

Nährwertangaben pro Pancake:

123 kcal, 17 g Kohlenhydrate, 3 g Proteine, 4 g Fett

Buchweizenporridge mit Apfel, Cranberrys und Haselnüssen

Zubereitungszeit: 15 Minuten

Schwierigkeitsgrad: leicht

Zutatenliste für 2 Portionen:

150 g Buchweizen, 300 ml Mandelmilch, 1 Prise Zimt, 1 TL Kokosöl, 1 Apfel, 200 g Cranberrys, 1 EL Ahornsirup, 1 Prise Vanille, gehackte Haselnüsse

Zubereitung:

1. Weichen Sie den Buchweizen über Nacht in kaltem Wasser ein. Gießen Sie das Wasser am nächsten Tag ab und spülen Sie den Buchweizen mit klarem Wasser ab.

2. Erwärmen Sie die Mandelmilch mit dem Buchweizen und einer Prise Zimt in einem Topf. Rühren Sie anschließend das Kokosöl darunter.

3. Waschen, entkernen und halbieren Sie den Apfel. Schneiden Sie die eine Hälfte in Würfel und die andere Hälfte in dünne Scheiben.

4. Geben Sie die Apfelwürfel und die Cranberrys zum Porridge dazu. Lassen Sie alles bei mittlerer Hitze für 2-3 Minuten erwärmen.

5. Schmecken Sie das Porridge mit Ahornsirup, Vanille und Zimt ab und garnieren Sie ihn mit den Apfelscheibchen und den Haselnüssen.

Nährwertangaben pro Portion:

700 kcal, 154 g Kohlenhydrate, 7 g Proteine, 4 g Fett

Selbstgemachtes Crunchy-Nuss-Müsli

Zubereitungszeit: 30 Minuten

Schwierigkeitsgrad: leicht

Zutatenliste für 1 kg Müsli:

100 g Mandelkerne, 100 g Pekannuss-Kerne, 1 Packung kernige Multiflocken (Hafer, Dinkel, Weizen, Roggen und Gerste), 60 g Leinsamen, 100 g Kokoschips, 150 g flüssiger Honig

Zubereitung:

1. Heizen Sie den Ofen auf 150°C Umluft vor und legen Sie ein Backblech mit Backpapier aus.

2. Hacken Sie die Mandeln und Nüsse grob und mischen Sie sie gut mit den Kornflocken, Leinsamen, Kokoschips und dem Honig.

3. Rösten Sie die Masse im heißen Backofen für ca. 10-15 Minuten.

4. Lassen Sie das fertige Müsli auskühlen und verpacken Sie es möglichst luftdicht. Das Müsli ist dann 3-4 Wochen haltbar.

Nährwertangaben pro 1kg Müsli:

440 kcal, 54 g Kohlenhydrate, 15 g Proteine, 17 g Fett

Buchweizen-Porridge mit Beeren

Zubereitungszeit: 30 Minuten

Schwierigkeitsgrad: leicht

Zutatenliste für 2 Portionen:

500 ml Milch, 1 TL Butter, Salz, 75 g Buchweizengrütze, 75 g Erdbeeren, 75 g Himbeeren, 75 g Blaubeeren, 2 TL Agavendicksaft, 25 g Pistazienkerne

Zubereitung:

1. Bringen Sie Milch, Butter und eine Prise Salz in einem Topf zum Kochen. Geben Sie die Buchweizengrütze dazu und lassen Sie sie unter gelegentlichem Rühren 15-20 Minuten quellen.

2. In der Zwischenzeit waschen Sie die Erdbeeren, Himbeeren und Blaubeeren. Schneiden Sie die Erdbeeren in kleine Stücke.

3. Rühren Sie den Agavendicksaft unter das Porridge und hacken Sie dann die Pistazien grob.

4. Verteilen Sie das Porridge in Schüsseln und verteilen Sie die Beeren und Pistazien darauf.

Nährwertangaben pro Portion:

95 kcal, 12 g Kohlenhydrate, 4 g Proteine, 4 g Fett

Haferporridge mit Zitrusfrüchten

Zubereitungszeit: 25 Minuten

Schwierigkeitsgrad: leicht

Zutatenliste für 2 Portionen:

4 EL zarte Haferflocken, 4 EL geschrotete Leinsamen, 250 ml Milch, 1 rosa Grapefruit, 1 Orange, 150 g Naturjoghurt, 2 TL Pinienkerne, Zimtpulver, Honig

Zubereitung:

1. Mischen Sie die Haferflocken mit den Leinsamen in einem Topf. Geben Sie die Milch und 100 ml Wasser dazu und lassen Sie alles aufkochen. Bei geschlossenem Deckel lassen Sie die Mischung für 6-8 Minuten köcheln. Vergessen Sie nicht, dabei gelegentlich umzurühren.

2. Schälen Sie die Grapefruit und die Orange so, dass auch die weiße Haut entfernt wird. Stechen Sie dann die Filets zwischen den einzelnen Trennhäuten heraus und fangen Sie dabei den Saft auf.

3. Rühren Sie die Filets unter den Haferbrei und lassen Sie das Porridge bei zugedecktem Topf und ausgeschalteter Herdplatte für 5 Minuten quellen.

4. Nehmen Sie das Porridge vom Herd und mischen Sie es nach Belieben mit 1 TL Honig. Verteilen Sie es auf 2 Schüsseln und servieren Sie es mit Pinienkernen und Zimt.

Nährwertangaben pro Portion

360 kcal, 36 g Kohlenhydrate, 16 g Proteine, 14 g Fett

Mittagsrezepte

Blumenkohl-Kapern-Pesto

Zubereitungszeit: 12 Minuten

Schwierigkeitsgrad: leicht

Zutatenliste für 1 Glas (330g):

210 g Blumenkohl, 1,5 EL Kapern, 1 EL Pistazien, 10 EL Olivenöl (kaltgepresst), 1 EL Zitronensaft, 1 EL gezupfte Petersilie, Salz, Pfeffer

Zubereitung:

1.Nachdem Sie den Blumenkohl gewaschen und geputzt haben, schneiden Sie diesen grob in Röschen.

2. Geben Sie Wasser in einen Topf und lassen Sie dieses aufkochen. Dann das Wasser salzen und den Blumenkohl darin blanchieren. Er soll knackig bleiben!

3. Währenddessen hacken Sie die Petersilie fein und rösten die Pistazien fettfrei an.

4. Nun gießen Sie den Blumenkohl über einem Sieb ab, schrecken ihn ab und lassen ihn gut abtropfen.

5. Anschließend geben Sie den Blumenkohl mit allen anderen Zutaten in ein hohes Gefäß und pürieren alles grob mit einem Stabmixer. Schmecken Sie das Pesto mit Salz und Pfeffer ab.

6. Zum Schluss geben Sie das Pesto in ein Einmachglas oder eine kleine Tupperdose. Das Pesto passt perfekt zu Nudeln, Kartoffeln oder Gemüsesalaten.

Nährwertangaben pro Glas:

1005 kcal, 6 g Kohlenhydrate, 6 g Proteine, 106 g Fett

Eier-Brokkoli-Salat

Eier-Brokkoli-Salat

Zubereitungszeit: 40 Minuten

Schwierigkeitsgrad: leicht

Zutatenliste für 2 Portionen:

3 Eier, 500 g Brokkoli, 3 kleine getrocknete Tomaten, Salz, Pfeffer, 1 EL Pinienkerne, 150 g Joghurt (1,5% Fett), 1 TL Senf, 1 TL Sesamöl, 1 Knoblauchzehe, 5 braune Champignons

Zubereitung:

1. Kochen Sie die Eier 8-10 Minuten hart, gießen Sie diese dann ab, schrecken Sie sie ab und pellen Sie sie. Lassen Sie die Eier danach abkühlen.

2. Während die Eier kochen, putzen und waschen Sie den Brokkoli und schneiden ihn dann in Röschen. Die dicken Stiele schälen Sie und schneiden sie klein. Die Tomaten schneiden Sie in Streifen.

3. Lassen Sie den Brokkoli zugedeckt für 5-7 Minuten in mäßig kochendem Salzwasser bei mittlerer Hitze dünsten. Drei Minuten vor Garende geben Sie die Tomatenstreifen dazu und dünsten diese mit. Dann gießen Sie den Brokkoli und die Tomatenstreifen ab und lassen Sie gut abtropfen.

4. Inzwischen rösten Sie die Pinienkerne in einer kleinen Pfanne fettfrei an und lassen diese dann auf einem Teller abkühlen.

5. Für das Dressing verrühren Sie Joghurt, Salz, Pfeffer, Senf und Öl. Geben Sie schließlich den Knoblauch gepresst dazu.

6. Nun putzen Sie die Champignons und schneiden diese in feine Scheiben. Jetzt mischen Sie die Pilze, den Brokkoli und die Tomatenstreifen mit dem Joghurtdressing und lassen das Ganze 10 Minuten ziehen.

7. Währenddessen schneiden Sie die Eier in Spalten und mischen diese zum Schluss vorsichtig unter den Salat.

8. Abschließend bestreuen Sie den Salat mit den Pinienkernen.

Nährwertangaben pro Portion:

304 kcal, 11 g Kohlenhydrate, 25 g Proteine, 17 g Fette

Blumenkohlsalat mit Kichererbsen

Zubereitungszeit: 20 Minuten

Schwierigkeitsgrad: leicht

Zutatenliste für 2 Portionen:

½ Blumenkohl, 1 EL Sesamöl, 50 ml Gemüsebrühe, ein halbes Bund Petersilie, 2 EL Joghurt (3,5% Fett), ½ EL Limettensaft, eine halbe Dose Kichererbsen (225 g Abtropfgewicht), 100 g Zuckerschoten, 3 Datteln (getrocknet, entsteint)

Zubereitung:

1. Zuerst waschen und putzen Sie den Blumenkohl und schneiden ihn dann in kleine Röschen. Dann erhitzen Sie das Sesamöl in einer Pfanne und braten die Blumenkohlröschen darin rundherum für etwa 5 Minuten an. Würzen Sie die Röschen mit Salz und Pfeffer und gießen Sie die Gemüsebrühe an, ehe Sie alles einmal aufkochen lassen. Danach stellen Sie die Röschen beiseite.

2. Spülen Sie in der Zwischenzeit die Kichererbsen unter kaltem Wasser ab und lassen Sie sie gut abtropfen. Danach waschen, putzen und halbieren Sie die Zuckerschoten. Schneiden Sie dann auch die Datteln klein.

3. Nun waschen Sie die Petersilie, schütteln diese trocken und hacken sie klein. Mischen Sie die Petersilie mit dem Joghurt, dem Limettensaft und etwas Sesamöl. Würzen Sie das Dressing schließlich mit Kreuzkümmel und Koriander.

4. Abschließend vermengen Sie die Kichererbsen, die Zuckerschoten, die Datteln und den Blumenkohl miteinander. Servieren Sie den Salat mit dem Joghurtdressing.

Nährwertangaben für 1 Portion:
282 kcal, 32 g Kohlenhydrate, 14 g Proteine, 8 g Fett

Klare Grünkohlsuppe mit Kichererbsen und Tomaten

Zubereitungszeit: 50 Minuten

Schwierigkeitsgrad: leicht

Zutatenliste für 2 Portionen:

275 g frischen Grünkohl (alternativ gefroren), Salz, 1 Zwiebel, 1 EL Paprikapulver, 1 EL Olivenöl, 650 ml Gemüsebrühe, 240 g Kichererbsen (Abtropfgewicht), 4 Tomaten, 1 TL flüssiger Honig, Pfeffer, 1 kleine Zitrone nach Belieben

Zubereitung:

1. Putzen Sie den Grünkohl, entfernen Sie dabei die harten Stiele und Blattrippen, danach waschen Sie ihn gründlich und garen ihn für 3-4 Minuten in kochendem Salzwasser. Schrecken Sie den Grünkohl nach dem Garen mit kaltem Wasser ab, damit Farbe und Biss erhalten bleiben. Drücken Sie den Grünkohl anschließend gut aus und hacken Sie ihn grob.

2. Schälen Sie nun die Zwiebel und schneiden Sie sie in feine Streifen.

3. Erhitzen Sie Öl in einem großen Topf und lassen Sie die Zwiebelstreifen und den Grünkohl 4 Minuten darin andünsten. Nun geben Sie das Paprikapulver darüber und lassen es ebenso kurz mit andünsten. Anschließend geben Sie die Brühe dazu und lassen alles aufkochen. Dann bei mittlerer Hitze für 20 Minuten kochen.

4. Spülen Sie in der Zwischenzeit die Kichererbsen durch ein Sieb ab und lassen Sie diese gut abtropfen. Geben Sie diese dann zur Suppe und lassen Sie die Suppe 10 Minuten weiterkochen.

5. Waschen Sie nun die Tomaten, vierteln und entkernen Sie diese und schneiden Sie sie dann in feine Würfel. Kurz vor Ende der Garzeit geben Sie die Tomaten zusammen mit dem Honig zur Suppe dazu und erhitzen sie darin.

6. Nach Belieben können Sie die Zitrone heiß abspülen, trocken reiben, die Schale fein abreiben und einen halben TL von dieser zur Suppe geben.

7. Zum Schluss schmecken Sie die Suppe mit Salz und Pfeffer ab und servieren sie.

Nährwertangaben pro Portion:
289 kcal, 31 g Kohlenhydrate, 16 g Proteine, 9 g Fett

Chili-Lachsfilet mit pikanter Paprika-Mango-Soße

Zubereitungszeit: 50 Minuten

Schwierigkeitsgrad: leicht

Zutatenliste für 2 Portionen:

1 Gals Jalapeños, 1 ½ Limette, ½ EL Chilipulver, ½ TL brauner Zucker, 3 EL Öl, 4 Lachsfilets, 2 rote Paprika, 1 vollreife kleine Mango, ½ rote Zwiebel, 1 Bund Koriander, Salz, Pfeffer, Zucker, 38 g saure Sahne

Zubereitung:

1. Lassen Sie die Jalapeños abtropfen und halbieren und entkernen Sie sie dann. Zerdrücken Sie sie nun mit dem Messerrücken zu einer feinen Paste. Pressen Sie jetzt die Limette aus und reiben Sie die Schale von einer Hälfte der ausgepressten Limette ab. Verrühren Sie nun die Jalapeñopaste in einer Schüssel mit dem braunen Zucker, 2 EL Öl und 2 EL des Limettensaftes.

2. Danach spülen Sie die Lachsfilets ab und tupfen diese gut trocken, ehe Sie sie in die eben angerührte Würzmischung geben. Bis Sie es wieder verwenden, stellen Sie das Ganze kalt.

3. Putzen und waschen Sie in der Zwischenzeit die Paprikaschoten, vierteln und entkernen Sie sie und legen Sie die Schoten mit der Schale nach unten auf das Backblech. Rösten Sie die Paprikaschoten im Ofen, bis die Haut schwarz wird. Geben Sie die geröstete Paprika nun in eine Schüssel und decken Sie diese mit einem Teller ab. Lassen Sie die Paprika so 10 Minuten dämpfen. Danach ziehen Sie die Haut ab und schneiden die Paprika in feine Rauten.

4. Widmen Sie sich jetzt der Mango. Schälen Sie sie mit einem Sparschäler und schneiden Sie das Fruchtfleisch in Scheiben vom Stein, dann schneiden Sie sie ebenso in feine Rauten. Schälen Sie danach die Zwiebel und hacken Sie diese sehr fein. Den Koriander waschen Sie jetzt und schütteln ihn gut trocken, ehe Sie die Blätter abzupfen und diese hacken.

5. Mischen Sie die Paprika, die Mango, die Zwiebel und den Koriander in einer Schüssel mit dem restlichen Limettensaft und mit Öl. Würzen Sie das Ganze mit Salz, Pfeffer und 1 Prise Zucker.

6. Die saure Sahne rühren Sie nun mit der abgeriebenen Limettenschale sowie Salz und Pfeffer glatt.

7. Erhitzen Sie jetzt eine Pfanne oder Grillpfanne und streichen diese mit dem zurückbehaltenen Öl aus. Nehmen Sie die Lachsfilets aus der Marinade und lassen Sie sie abtropfen.

8. Lassen Sie nun das Lachsfilet von jeder Seite 3-4 Minuten grillen oder braten.

9. Füllen Sie die saure Sahne in einen Einwegspritzbeutel und spritzen Sie sie dekorativ auf die Teller. Geben Sie anschließend eine Portion Paprika-Mango-Soße auf die Teller und richten Sie das Lachsfilet darauf an.

Nährwertangaben pro Portion:

480 kcal, 16 g Kohlenhydrate, 36 g Proteine, 29 g Fett

Quinoa mit Brokkoli, Pilzen und Currysoße

Zubereitungszeit: 40 Minuten

Schwierigkeitsgrad: leicht

Zutatenliste für 2 Portionen:

100 g Quinoa, 1 Brokkoli, 150 g Pilze nach Wahl, 2 ½ Frühlingszwiebeln, 2 Schalotten, 1 Stück Ingwer, ½ Knoblauchzehe, ½ TL Kurkuma, 1 EL Kokosöl, ½ TL gelbes Currypulver, 1 TL Zucker, 75 ml Kokosmilch, Salz, Pfeffer, 50 g Frischkäse, Saft einer halben Mandarine

Zubereitung:

1. Spülen Sie das Quinoa in einem Sieb unter heißem Wasser ab, geben Sie dieses in einen Topf und kochen Sie es nach Packungsanleitung gar.

2. Währenddessen waschen und putzen Sie den Brokkoli und teilen diesen in kleine Röschen. Schälen Sie den Strunk und schneiden Sie diesen in Stifte. Nun geben Sie den Brokkoli in einen Dampfgarer (alternativ ein Sieb) und lassen ihn zugedeckt über heißem Wasserdampf ca. 5 Minuten gar dämpfen.

3. Inzwischen putzen Sie die Pilze und schneiden sie in mundgerechte Stückchen. Dann waschen Sie die Frühlingszwiebeln und schneiden diese in Röllchen. Die Schalotten, den Ingwer und den Knoblauch schälen Sie und hacken alles klein.

4. Nun erhitzen Sie einen halben EL Öl in einem kleinen Topf, geben die Schalotten, den Ingwer und den Knoblauch dazu und dünsten alles bei mittlerer Hitze glasig. Bestreuen Sie nun alles mit Kurkuma, Currypulver und Zucker und lassen Sie es 2 Minuten karamellisieren. Löschen Sie anschließend das Ganze mit der Kokosmilch ab und lassen Sie es bei kleiner Hitze 5-8 Minuten köcheln.

5. Während die Soße köchelt, erhitzen Sie das restliche Öl in einer Pfanne und braten die Pilze und die Frühlingszwiebeln für ca. 5 Minuten bei mittlerer Hitze. Würzen Sie das Gemisch mit Salz und Pfeffer.

6. Mischen Sie den Frischkäse und den Mandarinensaft in die Currysoße und mixen Sie diese schaumig auf. Schmecken Sie die Soße dann mit Salz und Currypulver ab und mixen Sie alles noch einmal gut durch.

7. Das Quinoa können Sie nach Belieben mithilfe von Garnierringen auf Tellern anrichten und dann die Pilz-Zwiebel-Mischung sowie den Brokkoli darauf verteilen. Zum Schluss geben Sie noch die Soße darüber.

Nährwertangaben pro Portion:
472 kcal, 45 g Kohlenhydrate, 18 g Proteine, 25 g Fett

Scharfer Steaksalat mit Chinakohl und Papaya

Zubereitungszeit: 35 Minuten

Schwierigkeitsgrad: leicht

Zutatenliste für 2 Portionen:

1 kleine Papaya, 3 Tomaten, ½ Zitrone, 4 EL Tomatensaft, 1 TL flüssiger Honig, 4 EL Olivenöl, 5 Stiele Koriander, Salz, Pfeffer, Tabasco, 1 TL schwarzer Pfeffer, 300 g Rumpsteak, 1 TL Paprikapulver (edelsüß), ½ Chinakohl (klein)

Zubereitung:

1. Schälen Sie die Papaya und entfernen Sie die Kerne mit einem Löffel, schneiden Sie dann das Fruchtfleisch in mundgerechte Stücke.

2. Waschen Sie die Tomaten, vierteln Sie sie, entfernen Sie die Stielansätze und die Kerne. Mischen Sie dann Papaya und Tomaten in einer Schüssel.

3. Pressen Sie die halbe Zitrone aus. Mischen Sie den Tomatensaft, 1 EL Zitronensaft, den Honig und 2 EL Olivenöl.

4. Waschen Sie den Koriander, schütteln Sie ihn gut trocken, zupfen Sie die Blätter ab und hacken Sie diese. Mischen Sie sie dann unter die Tomatensoße. Würzen Sie nun die Soße mit Salz, Pfeffer und Tabasco und geben Sie sie über die Tomaten und die Papaya.

5. Tupfen Sie die Steaks trocken, bestreuen Sie eine Hälfte mit Paprikapulver und wenden Sie beide Seiten im schwarzen Pfeffer, schließlich salzen Sie die Steaks noch leicht.

6. Erhitzen Sie das restliche Öl in einer Pfanne und braten Sie die Steaks bei starker Hitze für 2 Minuten von jeder Seite. Nehmen Sie die Steaks danach aus der Pfanne, schlagen Sie sie in Aluminiumfolie ein und lassen Sie sie 4 Minuten ruhen.

7. Inzwischen putzen und waschen Sie den Chinakohl und schneiden diesen in feine Streifen. Geben Sie die Streifen auf eine Platte oder einen Teller und verteilen Sie die Papaya-Tomate-Mischung darauf.

8. Schneiden Sie die Steaks in 5 Scheiben und verteilen Sie sie auf dem Salat.

Nährwertangaben pro Portion:
441 kcal, 10 g Kohlenhydrate, 50 g Proteine, 21 g Fett

Pürierte Linsensuppe mit Steinpilzen und Entenbrust

Zubereitungszeit: 1 Stunde 10 Minuten

Schwierigkeitsgrad: mittel

Zutatenliste für 2 Portionen:

2 kleine Zwiebeln, ½ Knoblauchzehe, 1 Thymianzweig, 1 ½ EL Öl, 75 g rote Linsen, ½ EL Paprikapulver, ½ Messerspitze Kreuzkümmel, ½ EL Tomatenmark, 500 ml Geflügelbrühe, 1 Entenbrustfilet, Salz, Pfeffer, 100 g sehr kleine Steinpilze, 75 ml Sojacreme

Zubereitung:

1. Schälen und hacken Sie Knoblauch und Zwiebeln. Waschen Sie den Thymian und schütteln Sie ihn gut trocken, zupfen Sie dann die Blätter ab.

2. Erhitzen Sie ½ EL Öl in einem Topf und dünsten Sie Knoblauch und Zwiebeln darin glasig. Geben Sie dann die Linsen dazu und dünsten Sie sie eine Minute an.

3. Geben Sie nun das Paprikapulver und den Kreuzkümmel dazu sowie das Tomatenmark. Lassen Sie alles 30 Sekunden lang andünsten, ehe Sie die Brühe dazu gießen. Lassen Sie das Ganze nun aufkochen und dann 15 Minuten bei kleiner Hitze köcheln.

4. Schneiden Sie nun die Entenbrust auf der Hautseite mit einem scharfen Messer rautenförmig ein. Achten Sie darauf, dabei nicht in das Fleisch zu schneiden!

5. Legen Sie die Entenbrust nun mit der Hautseite nach unten in die Pfanne und braten Sie sie bei kleiner Hitze für 15 Minuten.

6. Danach wenden Sie die Entenbrust und braten sie für 2-3 Minuten auf der Fleischseite. Schließlich würzen Sie die Brust mit Salz und Pfeffer und lassen sie mit Alufolie bedeckt 5 Minuten ruhen.

7. Inzwischen putzen Sie die Steinpilze und schneiden die Stiele ab. Halbieren Sie große Pilze. Erhitzen Sie dann das restliche Öl in einer Pfanne und braten Sie die Pilze darin. Bestreuen Sie die Pilze dabei mit Salz, Pfeffer und Thymian.

8. Nun pürieren Sie die Suppe fein und streichen Sie mit einem Esslöffel durch ein feines Sieb in einen zweiten Topf. Im Anschluss geben Sie die Sojacreme dazu, lassen die Suppe aufkochen und würzen diese mit Salz und Pfeffer.

9. Zum Schluss schneiden Sie die Entenbrust in dünne Scheiben und geben sie zusammen mit den Steinpilzen auf die Suppe.

Nährwertangaben pro Portion:

585 kcal, 18 g Kohlenhydrate, 39 g Proteine, 39 g Fett

Soja-Kichererbsen-Chili

Zubereitungszeit: 35 Minuten

Schwierigkeitsgrad: mittel

Zutatenliste für 2 Portionen:

50 g Soja-Schnetzel, 1 Zwiebel, 1 Knoblauchzehe, 1 Zucchini, 1 EL Tomatenmark, 1 Dose Kichererbsen, 1 Dose stückige Tomaten, 1 EL Chilipulver, 1 EL Kreuzkümmel, 10 g Petersilie, 75 g Joghurt, 250 ml Gemüsebrühe, Olivenöl, Öl, Zucker, Salz, Pfeffer

Zubereitung:

1. Für die Soja-Schnetzel: Bereiten Sie 250 ml heiße Gemüsebrühe in einem Topf vor, geben Sie dann die Soja-Schnetzel hinein und lassen Sie diese 10 Minuten zugedeckt quellen.

2. In der Zwischenzeit schälen Sie Knoblauchzehe und Zwiebel und schneiden die Zwiebel klein. Waschen Sie die Zucchini und schneiden Sie die Enden ab, ehe Sie sie längs vierteln und in ca. 1 cm dicke Scheiben schneiden.

3. Nun gießen Sie die Soja-Schnetzel durch ein Sieb ab und fangen die Gemüsebrühe in einer Schüssel auf.

4. Erhitzen Sie einen Schuss Olivenöl in einer Pfanne und braten Sie die Soja-Schnetzel 3 Minuten scharf an. Geben Sie dann Tomatenmark, Zwiebel und gepressten Knoblauch dazu und braten Sie alles ca. 5 Minuten knusprig. Danach löschen Sie das Ganze mit der Gemüsebrühe ab.

5. Jetzt lassen Sie die Kichererbsen in einem Sieb abtropfen.

6. Geben Sie die stückigen Tomaten und die Zucchini und nach Bedarf 100 ml Wasser mit in die Pfanne und lassen Sie alles bei kleiner Hitze für ca. 5 Minuten weiterköcheln.

7. Fügen Sie nun das Chilipulver, den Kreuzkümmel und die Kichererbsen hinzu. Schmecken Sie das Ganze mit Salz und Pfeffer ab und lassen Sie es bei geringer Hitze noch einmal 3 Minuten köcheln.

8. Zum Schluss waschen Sie die Petersilie, zupfen die Blätter ab und hacken diese grob.

9. Richten Sie das Chili auf tiefen Tellern an, geben Sie einen Klecks Joghurt darauf und bestreuen Sie das Chili mit Petersilie.

Nährwertangaben pro Portion:

516 kcal, 65 g Kohlenhydrate, 31 g Proteine, 15 g Fett

Süßkartoffelsuppe mit Ingwer und Orange

Zubereitungszeit: 25 Minuten

Schwierigkeitsgrad: leicht

Zutatenliste für 2 Portionen:

2 EL Gemüsebrühpulver, 300 g Süßkartoffeln, 1 Frühlingszwiebel, 20 g Ingwer, 1 Karotte, 1 Orange, 1 Knoblauchzehe, 150 g Schmand, ½ EL Chiliflocken, 500 ml Wasser, 1 EL Öl, Salz, Pfeffer

Zubereitung:

1. Schälen Sie die Süßkartoffeln und die Karotte und schneiden Sie sie in 2 cm große Würfel.

2. Schälen Sie die Knoblauchzehe und den Ingwer und hacken Sie beides fein. Schneiden Sie dann den grünen und den weißen Teil der Frühlingszwiebel getrennt voneinander in dünne Ringe.

3. Erhitzen Sie nun 1 EL Öl in einem großen Topf, geben Sie Süßkartoffeln, Karotte, Ingwer und Knoblauch sowie die weißen Frühlingszwiebelringe dazu und braten Sie alles ca. 3 Minuten an.

4. Löschen Sie das Gemüse mit 500 ml Wasser und mit dem Gemüsebrühe-Pulver ab und lassen Sie die Suppe 10-15 Minuten zugedeckt köcheln, bis die Kartoffeln weich sind.

5. In der Zwischenzeit waschen Sie die Orange heiß ab und reiben die Schale ab. Halbieren Sie dann die Orange, pressen Sie die eine Hälfte aus und schneiden Sie die andere Hälfte in Spalten.

6. Verrühren Sie nun 1 TL des Orangenabriebs in einer kleinen Schüssel mit der Hälfte des Schmands und schmecken Sie das Ganze mit Salz und Pfeffer ab.

7. Geben Sie den Rest des Schmands und den Orangensaft zur Suppe dazu und pürieren Sie die Suppe im Topf mit einem Pürierstab cremig. Auch hier schmecken Sie mit Salz und Pfeffer ab.

8. Zum Schluss verteilen Sie die Suppe auf Tellern und bestreuen sie mit den grünen Frühlingszwiebelringen und den Chiliflocken. Geben Sie einen Klecks Orangen-Schmand auf die Suppe und genießen Sie sie mit den Orangenspalten.

Nährwertangaben pro Portion:

465 kcal, 53 g Kohlenhydrate, 4,5 g Proteine, 17,8 g Fett

Geröstete grüne Bohnen mit Zitrone und Dill

Zubereitungszeit: 25 Minuten

Schwierigkeitsgrad: leicht

Zutatenliste für 2 Portionen:

250 g grüne Bohnen, 1 ½ EL Olivenöl, 1 Knoblauchzehe, Salz, schwarzer Pfeffer, Zitronenschale, ½ EL Zitronensaft, ¼ rote Zwiebel, 1 EL Dill, 13 g Pinienkerne

Zubereitung:

1. Heizen Sie den Ofen auf 220°C vor und legen Sie ein Backblech mit Backpapier aus.

2. Inzwischen waschen Sie die Bohnen, trocknen sie und schneiden die Enden ab.

3. Geben Sie die Bohnen mit ½ EL Olivenöl in eine Schüssel und vermischen Sie beides gut miteinander. Verteilen Sie die Bohnen dann gleichmäßig auf dem Backblech und würzen Sie sie mit Salz und Pfeffer.

4. Rösten Sie die Bohnen 13-15 Minuten im Ofen und wenden Sie sie nach der Hälfte der Zeit einmal.

5. In der Zwischenzeit hacken Sie den Knoblauch fein und mischen ihn in einer kleinen Schale mit Salz und der geriebenen Zitronenschale. Geben Sie den Zitronensaft und 1 EL Olivenöl dazu.

6. Geben Sie die Bohnen in eine Servierschüssel und verteilen Sie die feingehackte rote Zwiebel und den Dill darauf. Geben Sie das Dressing darüber und mischen Sie alles gut.

7. Würzen Sie die Bohnen mit Pfeffer und Zitronensaft, verteilen Sie die Pinienkerne darüber und garnieren Sie die Bohnen, wenn Sie wollen, mit Parmesankäse.

Nährwertangaben pro Portion:

193,3 kcal; 8,5 g Kohlenhydrate; 6,6 g Proteine; 14,1 g Fette

Chili-Brokkoli-Blumenkohl-Salat

Zubereitungszeit: 30 Minuten

Schwierigkeitsgrad: leicht

Zutatenliste für 2 Portionen:

1 kleiner Blumenkohl, 400 g Brokkoli, 2 Knoblauchzehen, 1 Chilischote, 50 g Erdnüsse, 4 EL Sonnenblumenöl, 1 TL Sesamöl, 250 ml Gemüsebrühe, Salz, Pfeffer, 2 EL Sojasoße

Zubereitung:

1. Putzen und waschen Sie den Blumenkohl und den Brokkoli und zerteilen Sie beides in kleine Röschen. Schälen Sie dann den Knoblauch und schneiden Sie ihn in Scheiben, ehe Sie die Chilischote halbieren, die Kerne herausschaben, sie waschen und in feine Streifen schneiden.

2. Rösten Sie nun die Erdnüsse fettfrei in einer Pfanne.

3. Erhitzen Sie das Sonnenblumen- und Sesamöl in einem Topf und rühren Sie den Blumenkohl, den Brokkoli und die Chilischote im heißen Öl unter. Lassen Sie alles 5 Minuten anbraten. Gießen Sie nun die Brühe dazu und lassen Sie es 5 Minuten köcheln. Schmecken Sie alles mit Salz, Pfeffer und Sojasoße ab.

4. Verteilen Sie den Salat auf Tellern und streuen Sie die gerösteten Nüsse darüber.

Nährwertangaben pro Portion:

420 kcal, 8 g Kohlenhydrate, 10 g Proteine, 38 g Fett

Knusprige Blumenkohl-Brokkoli-Nuggets

Zubereitungszeit: ca. 40 Minuten

Schwierigkeitsgrad: leicht

Zutatenliste für 2 Portionen:

300 g Blumenkohl, 300 g Brokkoli, 100 g TK Erbsen, ½ Bund Petersilie, 100 g Haferflocken, 2 ½ EL Kartoffelstärke, ¼ TL Muskat, 2 EL Hefeflocken oder geriebener Parmesan, 2 EL Dinkelmehl, nach Belieben entweder 5 EL Wasser oder 2 Eier, Paniermehl, Öl

Zubereitung:

1. Waschen und putzen Sie den Blumenkohl und den Brokkoli und teilen Sie beides in kleine Röschen. Zerdrücken Sie die aufgetauten TK-Erbsen mit einer Gabel, hacken Sie die Petersilie fein und mischen Sie das Dinkelmehl entweder mit 5 EL Wasser oder mit 2 Eiern, je nachdem, was Ihnen beliebt.

2. Geben Sie den Blumenkohl und den Brokkoli in den Mixer und lassen Sie beides fein zerkleinern.

3. Geben Sie den zerkleinerten Brokkoli und Blumenkohl gemeinsam mit den anderen Zutaten in eine Schüssel und vermischen Sie alles gut miteinander. Achten Sie darauf, dass die Masse nicht zu feucht ist, aber dennoch gut zusammenhält. Lassen Sie die Masse 10 Minuten quellen, ehe Sie sie noch einmal durchmischen.

4. Formen Sie aus je einem EL der Blumenkohl-Brokkoli-Masse mit den Händen Nuggets und wälzen Sie diese in Paniermehl.

5. Erhitzen Sie Öl in einer Pfanne und geben Sie die Nuggets dazu. Lassen Sie sie von beiden Seiten 5-8 Minuten goldbraun braten.

6. Servieren Sie die Nuggets mit Salat, Ketchup oder Guacamole.

Nährwertangaben pro Portion:

417 kcal, 55 g Kohlenhydrate, 21 g Proteine, 11 g Fett

Crunchy-Quinoa-Salat mit Pistazien

Zubereitungszeit: ca. 40 Minuten

Schwierigkeitsgrad: leicht

Zutatenliste für 2 Portionen:

100 g bunter Quinoa, 100 g Blumenkohl, Salz, Pfeffer, Zucker, 1 EL Zitronensaft, 38 g gesalzene, geröstete Pistazien (mit Schale), ½ Granatapfel, 2 Stiele glatte Petersilie, 1 Stiel Koriander, 75 g Fetakäse, 1 ½ EL Apfelessig, 1 EL Agavendicksaft, 2 EL Olivenöl, 1 Chilischote

Zubereitung:

1. Lassen Sie die Quinoa mit 400 ml Wasser aufkochen und dann bei mittlerer Hitze köcheln, bis das Wasser verdampft ist.

2. In der Zwischenzeit putzen und waschen Sie den Blumenkohl und teilen ihn in Röschen. Reiben Sie dann die Röschen mit einer Reibe und würzen Sie sie mit dem Zitronensaft, Salz, Pfeffer und ½ TL Zucker.

3. Lösen Sie die Pistazien aus der Schale und legen Sie die Nüsse in ein Geschirrtuch. Reiben Sie die Haut ab und hacken Sie die Nüsse fein.

4. Klopfen Sie auf der Granatapfelhälfte die Kerne heraus.

5. Waschen Sie die Kräuter und schütteln Sie sie ordentlich trocken. Zupfen Sie dann die Blättchen ab und hacken Sie sie fein. Zerbröseln Sie dann den Fetakäse.

6. Nehmen Sie die Quinoa vom Herd und würzen Sie ihn mit Salz und Pfeffer.

7. Heben Sie die Quinoa zusammen mit den Pistazien, den Granatapfelkernen, den Kräutern und dem Fetakäse unter den geriebenen Blumenkohl.

8. Für das Dressing: Putzen und waschen Sie die Chilischote, halbieren Sie sie, entkernen Sie die Hälften und hacken Sie sie sehr fein. Verrühren Sie den Chili mit dem Essig und dem Agavendicksaft. Heben Sie dann das Olivenöl unter die Mischung und würzen Sie das Dressing mit Salz und Pfeffer.

9. Gießen Sie das Dressing über den Salat, heben Sie alles unter und schmecken Sie den Salat noch einmal mit Salz und Pfeffer ab.

Nährwertangaben pro Portion:

550 kcal, 43 g Kohlenhydrate, 17 g Proteine, 32 g Fett

Kräuter-Buchweizen-Wraps mit geräuchertem Lachs

Zubereitungszeit: 40 Minuten

Schwierigkeitsgrad: leicht

Zutatenliste für 2 Portionen:

50 g Buchweizenmehl, Salz, 2 Eier Größe M, ½ Bund Dill, ½ Bund Petersilie, ½ Zitrone, 125 g Crème fraîche, 1 EL Sahne-Meerrettich, Pfeffer, 50 g Romana-Salat, 3 TL Butter, 100 g Lachs in Scheiben

Zubereitung:

1. Rühren Sie das Buchweizenmehl mit 200 ml Wasser und einer Prise Salz glatt und rühren Sie dann die Eier unter. Lassen Sie den Teig 15 Minuten quellen.

2. Waschen und schütteln Sie die Kräuter trocken. Zupfen Sie dann die Blättchen ab und hacken Sie sie fein.

3. Waschen Sie die Zitrone heiß ab und raspeln Sie die Schale fein ab, ehe Sie die Zitrone halbieren und den Saft auspressen.

4. Verrühren Sie die Crème fraîche mit dem Sahne-Meerrettich, der Zitronenschale und 1 EL Zitronensaft und schmecken Sie alles mit Salz und Pfeffer ab.

5. Putzen und waschen Sie den Salat, schütteln Sie ihn trocken und schneiden Sie ihn in Streifen.

6. Heben Sie die Kräuter unter den Teig und erhitzen Sie die Butter portionsweise in einer kleinen Pfanne. Backen Sie nun aus dem Teig dünne Pfannkuchen.

7. Bestreichen Sie die Pfannkuchen mit der Meerrettich-Creme, lassen Sie dabei am Rand 5 cm frei. Belegen Sie die Pfannkuchen mit Salat und Lachs, schlagen Sie den Rand ein und Rollen Sie sie zu Wraps. Stecken Sie die Rollen mit kleinen Holzspießen fest und schneiden Sie sie in der Mitte durch.

8. Garnieren Sie die Wraps mit Dill, fertig.

Nährwertangaben pro Portion:

140 kcal, 5,7 g Kohlenhydrate, 5,7 g Proteine, 10,5 g Fett

Lachsküchlein mit Quinoa-Salat

Zubereitungszeit: ca. 54 Minuten

Schwierigkeitsgrad: leicht

Zutatenliste für 2 Portionen:

500 g Lachs, 30 g Schalotten, 1 TL Orangenschale, ½ TL Salz, Olivenöl, 30 ml Rotweinessig, 30 ml Orangensaft, ½ TL Pfeffer, 300 g gekochter Quinoa, 100 g gemischter grüner Salat, Orangenstückchen zum Garnieren

Zubereitung:

1. Vermischen Sie den Lachs mit den Zwiebeln, der Orangenschale und dem Salz in der Küchenmaschine.

2. Formen Sie 5 kleine Küchlein und legen Sie diese für 10 Minuten ins Gefrierfach.

3. Erhitzen Sie Öl in einer Pfanne und braten Sie die Küchlein von beiden Seiten je 3 Minuten an.

4. Waschen Sie den Basilikum, hacken Sie ihn klein und vermischen Sie ihn mit Orangensaft, Rotweinessig, Olivenöl und Pfeffer.

5. Geben Sie den gekochten Quinoa in eine Schüssel und mischen Sie ihn mit dem Salat, fügen Sie dann das Dressing hinzu.

6. Geben Sie den Quinoa-Salat auf Teller und servieren Sie ihn mit dem Lachsküchlein und den Orangenstückchen.

Nährwertangaben pro Portion:

645 kcal, 123 g Kohlenhydrate, 67 g Proteine, 20 g Fett

Quinoa-Auflauf mit Gemüse

Zubereitungszeit: 1 Stunde 10 Minuten

Schwierigkeitsgrad: mittel

Zutatenliste für 2 Personen:

80 g Cashewkerne, 75 g Quinoa, 1 Zwiebel, ½ Knoblauchzehe, 1 EL Olivenöl, ½ TL Paprikapulver, ½ Bund gemischte Kräuter, 175 g Karotten, ½ Zucchini, ½ Paprika, 125 ml Soja-Sahne, Salz, Pfeffer

Zubereitung:

1. Legen Sie die Cashewkerne in Wasser und lassen Sie sie einweichen.

2. Spülen Sie die Quinoa in einem Sieb ab und garen Sie ihn in kochendem Salzwasser für ca. 20 Minuten. Danach lassen Sie die Quinoa gut abtropfen.

3. Währenddessen hacken Sie die Kräuter fein, schälen und würfeln die Zwiebel und die Knoblauchzehe.

4. Geben Sie die Hälfte des Öls in eine Pfanne und erhitzen Sie es, ehe Sie Zwiebel und Knoblauch darin anbraten.

5. Geben Sie die Quinoa dazu und schmecken Sie alles mit Salz, Pfeffer und Paprikapulver ab. Geben Sie dann die Kräuter dazu und vermengen Sie alles miteinander.

6. Schälen Sie die Karotten und die Zucchini und schneiden Sie beides in dünne Scheiben. Entkernen Sie die Paprika und schneiden Sie sie in feine Streifen.

7. Gießen Sie nun die Cashewkerne ab und pürieren Sie sie zusammen mit der Soja-Sahne, schmecken Sie das Ganze mit Salz und Pfeffer ab.

8. Heizen Sie den Backofen auf 180°C Umluft vor.

9. Streichen Sie die Auflaufform mit dem restlichen Öl ein und schichten Sie das Gemüse und die Quinoa abwechselnd in die Form. Geben Sie am Schluss die Cashew-Creme darauf und lassen Sie den Auflauf 30 Minuten backen.

Nährwertangaben pro Portion:

580 kcal, 44 g Kohlenhydrate, 18 g Eiweiß,28 g Fett

Sesam-Tofu auf Blumenkohlreis

Zubereitungszeit: 25 Minuten

Schwierigkeitsgrad: leicht

Zutatenliste für 2 Portionen:

½ Blumenkohl, 250 g Tofu (Natur), ¼ Bund Lauchzwiebeln, ½ EL Sesamsaat, ½ TL schwarze Sesamsaat, 1 EL Öl, 1 EL Sojasauce, 1 EL Austernsoße, Salz

Zubereitung:

1. Putzen Sie den Blumenkohl und waschen Sie ihn. Schneiden Sie große Röschen vom Strunk und reiben Sie sie grob. Lassen Sie den Abrieb ca. 3 Minuten in kochendem Salzwasser garen. Dann gießen Sie den Blumenkohl ab und halten ihn warm.

2. Schneiden Sie den Tofu in Würfel, waschen und putzen Sie die Lauchzwiebeln und schneiden Sie sie in feine Ringe. Vermengen Sie beide Sesamsorten und rösten Sie diese unter Rühren für ca. 2 Minuten fettfrei an. Dann nehmen Sie sie heraus.

3. Erhitzen Sie Öl in einer Pfanne und braten Sie den Tofu unter Wenden für 3 Minuten an.

4. Verrühren Sie die Soja- und Austernsoße und geben Sie sie mit Sesam und den Lauchzwiebeln zum Tofu.

5. Richten Sie den Blumenkohl in Schalen an und verteilen Sie die Tofu-Mischung darauf.

Nährwertangaben pro Portion:

65 kcal, 2 g Kohlenhydrate, 4 g Proteine, 4 g Fett

Quinoa-Salat

Zubereitungszeit: 20 Minuten

Schwierigkeitsgrad: leicht

Zutatenliste für 2 Portionen:

150 g Quinoa, 75 g Kirschtomaten, ½ Dose Mais, ½ Dose Schwarze Bohnen, ½ rote Zwiebel, ½ Knoblauchzehe, 1 EL Rotweinessig, ½ TL Zucker, ½ TL Dijon-Senf, 1 EL Olivenöl, Salz, Pfeffer, ½ Bund Basilikum 1 Paprika

Zubereitung:

1. Bereiten Sie die Quinoa nach Packungsanweisung zu.

2. Waschen und trocknen Sie die Tomaten und halbieren Sie diese. Gießen Sie Mais und Bohnen ab, spülen Sie sie kalt ab und lassen Sie sie gut abtropfen.

3. Schälen Sie die Zwiebel und den Knoblauch. Schneiden Sie die Zwiebel in feine Würfel und hacken Sie den Knoblauch fein. Waschen und putzen Sie die Paprika, halbieren Sie sie dann und schneiden Sie sie in kleine Würfel.

4. Verrühren Sie Essig, Zucker, Senf, Knoblauch und Zwiebel in einer Schüssel. Das Öl heben Sie unter und würzen das Dressing mit Salz und Pfeffer.

5. Mischen Sie die Quinoa mit dem Dressing, dem Mais, den Bohnen und der Paprika.

6. Waschen Sie das Basilikum und schütteln Sie ihn gut trocken. Bis auf ein paar Blättchen schneiden Sie ihn jetzt in Streifen und heben ihn unter den Salat.

7. Schmecken Sie den Salat mit Salz und Pfeffer ab, richten Sie ihn in Schüsseln an und garnieren Sie ihn mit Basilikum.

Nährwertangaben pro Portion:

98 kcal, 15 g Kohlenhydrate, 4 g Proteine, 3 g Fett

Buchweizen-Gemüse-Pfanne

Zubereitungszeit: 25 Minuten

Schwierigkeitsgrad: leicht

Zutatenliste für 2 Portionen:

100 g Buchweizen, 1 Stange Lauch, 1 Zwiebel, 2 Paprika, 4 kleine Tomaten, Öl zum Braten, 1 TL Gemüsebrühe, Sojasauce, Pfeffer, Paprikapulver edelsüß

Zubereitung:

1. Spülen Sie den Buchweizen in einem Sieb ab und lassen Sie ihn in 200 ml Wasser kurz aufkochen. Dann lassen Sie ihn bei geringer Hitze für 15 Minuten garen.

2. Währenddessen waschen Sie das Gemüse und schneiden alles klein.

3. Das Öl erhitzen Sie in einer großen Pfanne und dünsten Paprika, Lauch und Zwiebel darin an. Geben Sie zum Schluss noch die Tomaten dazu.

4. Lösen Sie das Gemüsebrühe-Pulver in einer Tasse Wasser auf und geben Sie es zur Gemüsepfanne dazu.

5. Schmecken Sie die Gemüsepfanne mit Paprikapulver, Pfeffer und Sojasauce ab.

6. Gießen Sie den Buchweizen ab und geben Sie ihn zur Gemüsepfanne dazu. Vermengen Sie alles gut und servieren Sie es dann.

Nährwertangaben pro Portion:

296 kcal, 54 g Kohlenhydrate, 10 g Proteine, 3 g Fett

Feine Brokkoli-Taschen

Zubereitungszeit: 40 Minuten

Schwierigkeitsgrad: leicht

Zutatenliste für 2 Portionen:

½ Brokkoli, ½ Kohlrabi, 1 kleine Zwiebel, 1 Knoblauchzehe, 100 g weiße Bohnen aus der Dose, ein Paar Kapern aus dem Glas, 1 Blätterteig (fertig), etwas Olivenöl, Salz, Pfeffer, ggf. weitere Gewürze Ihrer Wahl

Zubereitung:

1. Schälen Sie den Kohlrabi und würfeln Sie die zu verwendende Hälfte. Waschen und putzen Sie den Brokkoli und schneiden Sie ihn in Röschen. Lassen Sie beides ca. 15 Minuten in Salzwasser köcheln.

2. Lassen Sie die Bohnen und Kapern abtropfen und schälen Sie die Zwiebel und die Knoblauchzehe, ehe Sie beides fein hacken.

3. Wenn der Kohlrabi weich ist, gießen Sie das Wasser ab und geben den Kohlrabi und den Brokkoli zusammen mit der Zwiebel und dem Knoblauch in den Mixer. Geben Sie noch etwas Olivenöl, Salz und Pfeffer hinzu und pürieren Sie alles klein.

4. Geben Sie den Brei in eine Schale und fügen Sie die Bohnen und Kapern hinzu.

5. Rollen Sie den Blätterteig aus und halbieren Sie ihn. Geben Sie auf eine Hälfte des Teigs 12 Häufchen der Gemüsemasse in gleichmäßigem Abstand und bedecken Sie die Hälfte mit der anderen.

6. Heizen Sie den Backofen auf 180°C Ober- und Unterhitze vor.

7. Inzwischen drücken Sie die Ränder der Teighälften gut zusammen und schneiden die Taschen mit einem Messer zurecht. Die Ränder sollten Sie gut verschließen!

8. Legen Sie die Taschen auf ein mit Backpapier ausgelegtes Backblech und geben Sie sie für etwa 15 Minuten in den Ofen, bis sie gelbgold sind.

Nährwertangaben pro Portion:

678 kcal, 75 g Kohlenhydrate, 14 g Proteine, 33 g Fett

Mexikanische Quinoa-Pfanne mit Avocado

Zubereitungszeit: 30 Minuten

Schwierigkeitsgrad: leicht

Zutatenliste für 2 Portionen:

½ EL Olivenöl, 1 Knoblauchzehe, ½ Paprikaschote, 80 g Quinoa, ½ Dose Kidneybohnen, ½ Dose Mais, ½ gehackte Tomate, 125 ml Gemüsebrühe, ½ TL Salz, ½ TL Paprikapulver (rosenscharf und edelsüß), Pfeffer, ¼ Saft einer Zitrone, ½ Avocado

Zubereitung:

1. Erhitzen Sie das Öl in einer Pfanne und hacken Sie währenddessen die Knoblauchzehe fein.

2. Waschen Sie die Paprikaschote und schneiden Sie sie in Würfel.

3. Braten Sie dann den Knoblauch und die Paprika einige Minuten zusammen an.

4. Gießen Sie die Kidneybohnen und den Mais ab und spülen Sie beides mit kaltem Wasser ab.

5. Braten Sie die Bohnen gemeinsam mit der Quinoa, den gehackten Tomaten und der Gemüsebrühe an.

6. Schmecken Sie die Pfanne mit Gewürzen ab und lassen Sie alles bei geschlossenem Deckel 20 Minuten lang garen.

7. Nehmen Sie die Pfanne vom Herd und rühren Sie den Zitronensaft unter. Halbieren Sie dann die Avocado, entkernen Sie diese und ziehen Sie die Schale ab. Dann schneiden Sie die eine Hälfte der Avocado in Würfel und rühren diese ebenfalls unter.

Nährwertangaben pro Portion:

395 kcal, 63 g Kohlenhydrate, 13 g Proteine, 13 g Fett

Grünes Hähnchencurry

Zubereitungszeit: 30 Minuten

Schwierigkeitsgrad: leicht

Zutatenliste für 2 Portionen:

½ Gemüsezwiebel, ½ EL Öl, 1 EL grüne Thaicurrypaste, ½ Dose Kokosmilch, 125 ml Hühnerbrühe, 300 g Hähnchenbrustfilet, ½ Lauchzwiebel, ½ Bund Koriander, ½ Limette, 1 EL Fischsauce, Salz

Zubereitung:

1. Schälen Sie die Zwiebel und würfeln Sie diese grob. Erhitzen Sie dann Öl in einem Topf und dünsten Sie die Zwiebel darin.

2. Geben Sie die Currypaste, die Kokosmilch und die Hühnerbrühe dazu und lassen Sie alles bei kleiner Hitze kochen.

3. Spülen Sie das Hähnchenbrustfilet ab und tupfen Sie es trocken. Schneiden Sie es dann in mundgerechte Stücke. Schneiden Sie dann die Lauchzwiebel, nachdem Sie sie geputzt haben, in breite Ringe. Hacken Sie das Grün fein und legen Sie es beiseite.

4. Geben Sie das Fleisch und die Lauchzwiebel in die Kokosmilch und lassen Sie es bei geschlossenem Deckel 8 Minuten garen.

5. Hacken Sie den Koriander fein und vermischen Sie ihn mit dem restlichen Lauchzwiebel-Grün.

6. Schmecken Sie das Curry mit Limettensaft, Fischsoße und Salz ab. Bestreuen Sie es dann mit dem Koriander-Mix.

7. Dazu servieren Sie Reis, Buchweizen oder Quinoa.

Nährwertangaben pro Portion:

405 kcal, 30 g Kohlenhydrate, 39 g Proteine, 23 g Fett

Mariniertes Hähnchenbrustfilet mit grünem Gemüse

Zubereitungszeit: 50 Minuten

Schwierigkeitsgrad: leicht

Zutatenliste für 2 Portionen:

200 g Hähnchenbrustfilet, 1 große Zwiebel, 2 grüne Paprikaschoten, 2 Stangen Staudensellerie, 2 EL Sojasauce, 2 EL Chilisauce (süß-pikant), 2 EL Brühe, Paprikapulver edelsüß, Paprikapulver scharf, Curry, chinesische Gewürzmischung, 1 geriebene Knoblauchzehe, 2 Portionen Basmatireis

Zubereitung:

1. Setzen Sie den Basmatireis auf.

2. In der Zwischenzeit waschen Sie die Hähnchenbrustfilets und schneiden sie in Würfel.

3. Vermischen Sie Sojasauce, Chilisauce, Brühe, beide Paprikapulver sowie das Curry, die Gewürzmischung und den Knoblauch miteinander.

4. Mischen Sie die Hähnchenwürfel in die Marinade und lassen Sie sie 30 Minuten darin ziehen.

5. Putzen Sie das Gemüse und schneiden Sie es klein. Braten Sie die Zwiebel an und fügen Sie Paprika und Sellerie hinzu.

6. In einer anderen Pfanne braten Sie das Fleisch an, gemeinsam mit einem Schöpflöffel der Marinade.

7. Wenn das Fleisch durchgebraten ist, geben Sie das Gemüse aus der ersten Pfanne hinzu.

8. Die Marinade dazu geben und ein paar Minuten brutzeln lassen.

9. Mit dem Basamtireis servieren.

Nährwertangaben pro Portion:

451 kcal, 59 g Kohlenhydrate, 32 g Proteine, 8 g Fett

Lachs auf Salat mit Buchweizen und Limettendressing

Zubereitungszeit: 30 Minuten

Schwierigkeitsgrad: leicht

Zutatenliste für 2 Portionen:

50 g Buchweizen, ¼ Chicorée, 40 g Rucola, ¼ Frisèesalat, ½ Bund Frühlingszwiebeln, 2 Lachsfilets, 1 ½ EL Olivenöl, ½ Limette, ¼ TL Wasabi-Paste, Salz, Pfeffer, 6 TL weiße Sesamsamen

Zubereitung:

1. Spülen Sie den Buchweizen im Sieb ab und geben Sie ihn mit doppelter Menge Wasser in einen Topf. Lassen Sie den Buchweizen aufkochen und dann bei kleiner Hitze 15 Minuten garen. Danach das Wasser abgießen.

2. Waschen Sie in der Zwischenzeit den Chicorée und schneiden Sie ihn dann in feine Streifen. Waschen Sie den Rucola und trocknen Sie diesen gut. Putzen Sie den Frisèesalat und zupfen Sie ihn in feine Stücke. Waschen Sie die Frühlingszwiebeln und schneiden Sie sie in feine Ringe.

3. Waschen Sie das Lachsfilet und tupfen Sie es gut trocken.

4. Erhitzen Sie 1 EL Öl in einer Pfanne und braten Sie das Lachsfilet bei mittlerer Hitze für 1-2 Minuten von beiden Seiten an.

5. Halbieren Sie die Limette und pressen Sie ihren Saft aus.

6. Mischen Sie den Limettensaft mit dem Wasabi, dem restlichen Olivenöl, 1 Prise Salz, Pfeffer und 1 TL Sesam.

7. Mischen Sie die Salate und beträufeln Sie den fertigen Salat mit Dressing.

8. Verteilen Sie den Salat nun auf Tellern und geben Sie Buchweizen auf den Salat.

9. Wälzen Sie die Lachsfilets in 4 TL Sesam und würzen Sie sie mit Salz und Pfeffer.

10. Richten Sie den Salat und die Filets mit den Frühlingszwiebeln und dem restlichen Sesam an.

Nährwertangaben pro Portion:

450 kcal, 23 g Kohlenhydrate, 30 g Proteine, 26 g Fett

Buchweizenecken mit Joghurt

Zubereitungszeit: 40 Minuten

Schwierigkeitsgrad: leicht

Zutatenliste für 2 Portionen:

2 Karotten, 2 Stangen Sellerie, 2 kleine Zwiebeln, 8 TL Öl, 100 g Buchweizengrütze, 2 Eigelb, Salz, weißer Pfeffer, 300 g Vollmilch-Joghurt, 2 TL getrocknete italienische Kräuter, 4-6 TL Zitronensaft

Zubereitung:

1. Waschen und schälen Sie das Gemüse, ehe Sie es fein raspeln. Die Zwiebeln schälen Sie ebenso und hacken sie dann fein.

2. Dünsten Sie die Zwiebeln und das Gemüse in 1 TL Öl an und geben Sie die Grütze dazu. Löschen Sie das Ganze mit 200 ml Wasser ab und lassen Sie es bei schwacher Hitze für 10 Minuten quellen, rühren Sie dabei gelegentlich um.

3. Bestreichen Sie Alufolie mit 1 TL Öl und geben Sie dann die Buchweizen-Gemüse-Masse darauf. Lassen Sie die Masse abkühlen.

4. Verrühren Sie den Joghurt in der Zwischenzeit mit den Kräutern, Salz, Pfeffer und dem Zitronensaft.

5. Schneiden Sie die Buchweizen-Masse in kleine Ecken oder formen Sie sie zu Talern und braten Sie sie von beiden Seiten für 2-3 Minuten goldbraun an.

Nährwertangaben pro Portion:

680 kcal, 87 g Kohlenhydrate, 16 g Proteine, 28 g Fett

Buchweizen-Frikadellen

Zubereitungszeit: 60 Minuten

Schwierigkeitsgrad: leicht

Zutaten für 2 Portionen:

100 g Buchweizengrütze, ½ Zwiebel, 1 EL Butter, 1 Päckchen gefrorenes Suppengrün, 300 ml Gemüsebrühe, 1 Ei, Pfeffer, 2 EL Öl, 75 g Crème Légère, ¼ Bund Kresse, Salatblätter, Tomaten, Petersilie

Zubereitung:

1. Übergießen Sie die Buchweizengrütze mit kaltem Wasser und lassen die Grütze in einem Sieb abtropfen.

2. Schälen Sie in der Zwischenzeit die Zwiebel und schneiden Sie sie in feine Würfel.

3. Erhitzen Sie die Butter in einem Topf und dünsten Sie die Zwiebel und das Suppengrün darin an.

4. Geben Sie den Buchweizen und die Brühe dazu, lassen Sie alles aufkochen und dann für 20 Minuten köcheln. Würzen Sie die Masse mit Salz und Pfeffer.

5. Nachdem die Masse abgekühlt ist, heben Sie das Ei darunter.

6. Erhitzen Sie portionsweise Öl in einer Pfanne.

7. Formen Sie aus der Buchweizenmasse kleine Frikadellen und braten Sie sie von beiden Seiten für ca. 5 Minuten an.

8. Schneiden Sie nun die Kresse und verrühren Sie sie mit der Crème Légère.

9. Waschen Sie die Salatblätter und die Tomaten.

10. Richten Sie die Frikadellen mit Salat und Tomaten an und geben Sie einen Klecks Crème und Kresse darauf.

Nährwertangaben pro Portion:

102 kcal, 10 g Kohlenhydrate, 2 g Proteine, 6 g Fett

Gebackene Gemüsescheiben mit Buchweizen, Paprika und Joghurt

Zubereitungszeit: 60 Minuten

Schwierigkeitsgrad: leicht

Zutatenliste für 2 Portionen:

6 EL Olivenöl, 1 TL Salz, ½ TL Pfeffer, 2 Backkartoffeln, 1 rote Zwiebel, 1 Zucchini, 125 g Buchweizen, ½ rote Paprika, ¼ Bund Petersilie, ½ TL gemahlener Kreuzkümmel, ½ EL Currypulver, 1 EL Zitronensaft, 250 g Vollmilchjoghurt

Zubereitung:

1. Verrühren Sie 6 EL Öl mit Salz und Pfeffer.

2. Waschen Sie die Kartoffeln und schneiden Sie sie in dicke Scheiben. Verrühren Sie die Kartoffelstücke mit einem Drittel des Gewürzöls und legen Sie sie auf ein mit Backpapier belegtes Backblech aus. Lassen Sie die Kartoffelstücke im vorgeheizten Backofen für 45 Minuten backen.

3. Inzwischen schälen Sie Zwiebel und Zucchini und schneiden beides in dicke Scheiben. Vermengen Sie beides ebenso mit dem restlichen Gewürzöl und geben Sie sie nach 25 Minuten mit auf das Backblech zu den Kartoffelstücken.

4. Geben Sie den Buchweizen mit 500 ml Wasser in einen Topf und lassen Sie ihn bei starker Hitze aufkochen. Dann lassen Sie ihn bei schwacher Hitze für 20 Minuten einweichen. Nehmen Sie den Buchweizen dann vom Herd und lassen Sie ihn 10 Minuten ruhen.

5. Waschen Sie die Paprika und schneiden Sie sie in Würfel. Waschen Sie die Petersilie, schütteln Sie sie gut trocken und hacken Sie die Blättchen nach dem Zupfen fein. Geben Sie beides zusammen mit dem Kreuzkümmel, dem Curry und dem Zitronensaft zum Buchweizen dazu.

6. Die Kartoffeln und das Gemüse nehmen Sie nun aus dem Ofen und servieren alles mit Joghurt.

Nährwertangaben pro Portion:

162 kcal, 21 g Kohlenhydrate, 4 g Proteine, 7 g Fett

Scharfe Buchweizen-Gemüsepfanne

Zubereitungszeit: 25 Minuten

Schwierigkeitsgrad: leicht

Zutatenliste für 2 Portionen:

120 g Buchweizen, 2 TL Apfelessig, 1-2 EL Olivenöl, 100 g Spinat, 10 braune Champignons, 10 Cherry-Tomaten, ½ Brokkoli, 1 Prise Chiliflocken, 1 Knoblauchzehe, 2 EL Tahin, 2 EL Sojasauce, 2 EL Honig, ½ Zitrone

Zubereitung:

1. Geben Sie den Buchweizen in einen Kochtopf mit 500 ml Wasser und 1 TL Apfelessig. Lassen Sie den Buchweizen bei hoher Hitze aufkochen und dann bei kleiner Hitze für 12-15 Minuten köcheln.

2. Putzen Sie das Gemüse, schneiden Sie die Champignons in Scheiben, die Tomaten halbieren Sie und den Brokkoli schneiden Sie in mundgerechte Röschen.

3. Erhitzen Sie Öl in einer Pfanne und pressen Sie die Knoblauchzehe hinein, braten Sie diese 1 Minute scharf an. Geben Sie dann den Brokkoli, die Pilze, das Tahin, die Sojasauce, den Honig, 1 TL Apfelessig und den Zitronensaft dazu. Rühren Sie ständig um, bis die Tomaten und die Pilze weich sind. Rühren Sie dann den Spinat unter.

4. Geben Sie den gekochten Buchweizen in die Pfanne und rühren Sie gut um, bis alles vermischt ist.

Nährwertangaben pro Portion:

480 kcal, 68 g Kohlenhydrate, 18 g Proteine, 13 g Fett

Rezepte für das Abendessen

Waldorfsalat

Zubereitungszeit: 40 Minuten

Schwierigkeitsgrad: leicht

Zutatenliste für 2 Portionen:

2 Äpfel, 100 g Walnüsse, ½ Sellerieknolle, Saft einer halben Zitrone, 50 g Mayonnaise halbfett, 63 g Sauerrahm, ½ EL Zucker, 1 Prise Salz und Pfeffer

Zubereitung:

1. Waschen und putzen Sie den Sellerie, vierteln Sie ihn und überkochen Sie ihn kurz. Danach raspeln Sie den Sellerie grob.

2. Schälen, entkernen und vierteln Sie die Äpfel und schneiden Sie sie dann in Scheiben.

3. Hacken Sie die Nüsse grob und verrühren Sie sie gut mit Zitronensaft, Salz, Zucker und Pfeffer.

4. Zum Schluss geben Sie die Mayonnaise und den Sauerrahm dazu und stellen den Salat kühl.

Nährwertangaben pro Portion:

496 kcal, 30 g Kohlenhydrate, 15 g Proteine, 33 g Fett

Gurkensalat mit Weintrauben und Honigmelone

Zubereitungszeit: 60 Minuten

Schwierigkeitsgrad: leicht

Zutatenliste für 2 Portionen:

1 Salatgurke, 300 g kernlose Weintrauben, ½ Honigmelone, 200 g Joghurt, 1 Zitrone, 1 EL Honig, Dill, Salz, Pfeffer

Zubereitung:

1. Waschen und halbieren Sie die Gurke längs. Entfernen Sie das Fruchtfleisch, schneiden Sie sie in kleine Stücke und geben Sie diese in eine Schale.

2. Entfernen Sie die Weintrauben vom Stiel, halbieren Sie sie und geben Sie sie zu den Gurkenstücken dazu.

3. Trennen Sie die Honigmelone aus der Schale und zerkleinern Sie sie. Geben Sie die Stücke ebenfalls zu den Gurkenstücken.

4. In einer extra Schale mischen Sie ein Dressing aus Joghurt, Zitronensaft und Honig an. Schmecken Sie das Dressing mit Dill, Salz und Pfeffer ab.

5. Mischen Sie den Salat mit dem Dressing und lassen Sie ihn ordentlich durchziehen.

Nährwertangaben pro Portion:

291 kcal, 59 g Kohlenhydrate, 8 g Proteine, 2 g Fett

Schneller Käse-Trauben-Salat mit Walnüssen

Zubereitungszeit: ca. 20 Minuten

Schwierigkeitsgrad: leicht

Zutatenliste für 2 Portionen:

250 g Käse, 50 g Walnüsse, 2 Stangen Sellerie, 100 g rote kernlose Weintrauben, 1 TL Senf, 4 EL Rapsöl, Salz, Pfeffer, 1 EL Essig

Zubereitung:

1. Schneiden Sie den Käse in Würfel, waschen Sie den Sellerie und schneiden Sie diesen in dünne Scheiben.

2. Rösten Sie die Walnüsse fettfrei in einer Pfanne und hacken Sie sie dann in feine Stücke.

3. Waschen Sie die Weintrauben und entfernen Sie diese von der Rispe.

4. Vermengen Sie den Sellerie in einer Schüssel mit dem Käse. Geben Sie dann die Weintrauben und die Nüsse dazu.

5. Für das Dressing: Vermengen Sie Senf, Essig und Öl und würzen Sie das Dressing mit Salz und Pfeffer.

6. Mischen Sie den Salat mit dem Dressing.

Nährwertangaben pro Portion:

843 kcal, 11 g Kohlenhydrate, 39 g Proteine, 68 g Fett

Hühnchenspieße mit grünem Tee

Zubereitungszeit: 1 Stunde und 40 Minuten

Schwierigkeitsgrad: mittel

Zutatenliste für 2 Portionen:

200 g Hähnchenbrustfilet, 4 Holzspieße, 2 EL Olivenöl, 1 TL Grünteepulver, 1 Knoblauchzehe, ½ Stück Ingwer, 1 Spritzer Tabasco, Salz, Pfeffer, 50 g fettarmer Kefir, ½ EL saure Sahne, 1 Frühlingszwiebel

Zubereitung:

1. Waschen und tupfen Sie das Hähnchenbrustfilet ab, ehe Sie es der Länge nach in schmale Streifen schneiden. Ziehen Sie die Streifen wellenförmig auf die Spieße.

2. Für die Marinade: Verrühren Sie Öl, Grünteepulver, durchgepressten Knoblauch, durchgepressten Ingwer, Tabasco und Salz miteinander. Legen Sie die Hähnchenspieße darin ein und lassen Sie sie 1 Stunde darin ziehen. Zwischendurch immer einmal wenden.

3. Für den Dip: Verrühren Sie Kefir mit saurer Sahne und schmecken Sie es mit Salz und Pfeffer ab. Waschen und schneiden Sie die Frühlingszwiebeln in feine Ringe und heben Sie sie unter den Dip.

4. Grillen Sie die Hähnchenspieße pro Seite 3-4 Minuten goldbraun und servieren Sie den Kefir-Dip dazu.

Nährwertangaben pro Portion:

210 kcal, 3 g Kohlenhydrate, 25 g Proteine, 11 g Fett

Blumenkohlsalat

Zubereitungszeit: 25 Minuten

Schwierigkeitsgrad: leicht

Zutatenliste für 2 Portionen:

400 g Blumenkohlröschen, Salz, 2 Karotten, 3 EL Limettensaft, 1 Knoblauchzehe, 1 TL geriebener Ingwer, 1 TL Limettenschale, 3 EL Olivenöl, 1 EL gehackte Petersilie, Minze zum Garnieren, Für die Joghurtsauce: 200 g Joghurt, 1 EL Zitronensaft, Salz, Pfeffer, 1 gepresste Knoblauchzehe, Cayennepfeffer

Zubereitung:

1. Schälen Sie die Karotten und schneiden Sie sie in dünne Stifte, genau wie die Zucchini.

2. Garen Sie die Blumenkohlröschen für 5-6 Minuten in kochendem Salzwasser, schrecken Sie sie danach ab und lassen Sie sie gut abtropfen.

3. Blanchieren Sie Karotten und Zucchini für 3 Minuten. Gießen Sie das Wasser ab, schrecken Sie das Gemüse eiskalt ab und lassen Sie es gut abtropfen.

4. Verrühren Sie Limettensaft, durchgepressten Knoblauch, Ingwer, Limettenschale und Olivenöl miteinander. Würzen Sie das Ganze mit Salz und Cayennepfeffer. Rühren Sie dann die Petersilie unter und vermischen Sie die Salatsauce mit Blumenkohl, Karotten und Zucchini. Lassen Sie den Salat 15 Minuten ziehen.

5. Für die Joghurtsauce: Verrühren Sie Joghurt, Zitronensaft, Salz, Pfeffer und Knoblauch miteinander. Bestreuen Sie die Sauce mit etwas Cayenne und gießen Sie sie über den Salat.

Nährwertangaben pro Portion:

355 kcal, 21 g Kohlenhydrate, 11 g Proteine, 23 g Fett

Römersalat mit Zitrusfrüchten

Zubereitungszeit: 25 Minuten

Schwierigkeitsgrad: leicht

Zutatenliste für 2 Portionen:

74 g Römersalat, 1 Granatapfel, 2 Orangen, ½ Grapefruit, 125 g Teltower Rübchen, ¼ Bund Radieschen, Saft und Abrieb einer Limette, 1 EL Naturjoghurt, 1 EL Agavendicksaft, Salz, Pfeffer, 1 EL Kürbiskerne (grob gehackt), 1 EL Koriander

Zubereitung:

1. Waschen und trocknen Sie den Salat und schneiden Sie ihn in grobe Streifen.

2. Entkernen Sie den Granatapfel und halbieren und filetieren Sie die Grapefruit und die Orangen. Schälen Sie dann die Rübchen und schneiden Sie sie in feine Stifte. Die Radieschen waschen Sie und hobeln sie in feine Scheibchen. Mischen Sie alles miteinander.

3. Verquirlen Sie den Limettensaft und -abrieb mit Joghurt, Agavendicksaft, Salz und Pfeffer.

4. Rösten Sie die Kürbiskerne fettfrei, verteilen Sie die vorbereiteten Zutaten auf Tellern und richten Sie den Salat mit Koriander und Dressing an.

Nährwertangaben pro Portion:

200 kcal, 31 g Kohlenhydrate, 6 g Proteine, 3 g Fett

Grüne Erbsenschaumsuppe mit Lachs

Zubereitungszeit: 20 Minuten

Schwierigkeitsgrad: leicht

Zutatenliste für 2 Portionen:

125 g Tiefkühlerbsen, 250 ml Gemüsebrühe, 100 g Schlagsahne, 25 g Zwiebelwürfel, 10 g Butter zum Andünsten, 60 g Lachsfilet naturbelassen, etwas Mehl, Salz, Pfeffer, Worcestersauce

Zubereitung:

1. Tupfen Sie die Lachsfilets trocken und würfeln Sie diese. Bestäuben Sie sie mit Mehl und braten Sie sie mit ausreichend Fett bei mittlerer Hitze von beiden Seiten an. Danach stellen Sie die Würfel warm.

2. Erhitzen Sie in einem Topf Butter und schwitzen Sie die Zwiebelwürfel darin an. Geben Sie die Gemüsebrühe und die Sahne hinzu und lassen Sie alles aufkochen. Geben Sie die Erbsen dazu und lassen Sie das Ganze 5 Minuten köcheln.

3. Pürieren Sie die Suppe gründlich und streichen Sie sie durch ein feines Sieb. Dann schlagen Sie die Suppe mit dem Mixstab noch einmal schaumig. Schmecken Sie die Suppe mit Worcestersauce ab.

4. Geben sie die Lachsfilets in tiefe Teller und füllen Sie sie mit Suppe auf.

Nährwertangaben pro Portion:

322 kcal, 14 g Kohlenhydrate, 14 g Proteine, 24 g Fett

Grüne-Bohnen-Gemüsesuppe

Zubereitungszeit: ca. 1 Stunde und 20 Minuten

Schwierigkeitsgrad: mittel

Zutatenliste für 2 Portionen:

250 g grüne Bohnen, 250 g Kartoffeln, ½ Sellerieknolle, ½ Karotte, ½ Lauchstange, 1 EL Öl, 50 g Bacon, 600 ml Wasser, 1 Gemüsebrühwürfel, ½ TL Majoran, Salz, Pfeffer, Petersilie

Zubereitung:

1. Geben Sie das Öl in einen Kochtopf und geben Sie die Baconwürfel dazu. Lassen Sie sie unter ständigem Wenden anbraten.

2. Geben Sie Lauch, Sellerie, Bohnen und Karotte dazu und braten Sie die Gemüsewürfel unter Rühren an. Zuletzt geben Sie die Kartoffelwürfel hinzu und verrühren alles gut miteinander.

3. Löschen Sie das Gemüse mit Wasser ab, geben Sie Majoran hinzu und würzen Sie mit Salz und Gemüsebrühe. Lassen Sie alles einmal aufkochen.

4. Lassen Sie die grüne Bohnensuppe ca. 40 Minuten weich kochen. Schöpfen Sie 2 Schöpflöffel Gemüsestücke heraus und stellen Sie sie beiseite.

5. Pürieren Sie die restliche Suppe mit einem Mixstab und füllen Sie sie nach Bedarf mit 250 ml Wasser oder Brühe auf.

6. Schmecken Sie die Suppe mit Salz und Pfeffer ab, geben Sie die Gemüsestücke dazu und bestreuen Sie die Suppe mit Petersilie.

Nährwertangaben pro Person:

200 kcal, 32 g Kohlenhydrate, 12 g Proteine, 9 g Fett

Cremige Brokkolisuppe mit Kokosmilch

Zubereitungszeit: 30 Minuten

Schwierigkeitsgrad: leicht

Zutatenliste für 2 Portionen:

200 g Brokkoli, 100 g grüne Bohnen, ½ Zwiebel, ½ Knoblauchzehe, ½ Stück Ingwer, 1 EL Kokosöl, 50 g Tiefkühlerbsen, 400 ml Gemüsebrühe, 200 ml Kokosmilch, 2 EL Mandeln (Gehobelt), Salz, Pfeffer, ½ EL Limettensaft, frische Petersilie

Zubereitung:

1. Putzen und waschen Sie den Brokkoli und die grünen Bohnen. Teilen Sie den Brokkoli in Röschen. Schälen und hacken Sie Zwiebel und Knoblauchzehe fein und schälen und zerkleinern Sie den Ingwer.

2. Erhitzen Sie Kokosöl in einem Topf und braten Sie Zwiebel, Knoblauch und Ingwer darin an. Dann geben Sie Brokkoli, Erbsen und grüne Bohnen dazu und lassen alles weitere 2 Minuten dünsten.

3. Gießen Sie das Gemüse mit Kokosmilch und Gemüsebrühe auf und lassen Sie alle Zutaten bei mittlerer Hitze für 20 Minuten garen.

4. Rösten Sie die Mandelblättchen fettfrei an. Pürieren Sie die Suppe mit einem Pürierstab und schmecken Sie sie mit Salz, Pfeffer und Limettensaft ab. Mit Petersilie garniert können Sie nun servieren.

Nährwertangaben pro Portion:

224 kcal, 16 g Kohlenhydrate, 10 g Proteine, 13 g Fett

Buchweizen-Gemüsesuppe

Zubereitungszeit: 55 Minuten

Schwierigkeitsgrad: leicht

Zutatenliste für 2 Portionen:

100 g Buchweizen, 100 g Karotten, 100 g Zucchini, 80 g Tomaten, 1 Knoblauchzehe, 1 Zwiebel, 5 g Ingwerwurzel, 5 g Kurkumawurzel, 1 kleine Frühlingszwiebel, 800 ml Gemüsebrühe, 2 EL Erdnussöl, 2 Lorbeerblätter, 1 TL Bockshornkleeblätter (alternativ Liebstöckel), 1 Prise Muskat, 1 EL gehackte Petersilie, ein halber TL fein gehackte Majoranblättchen, Salz und Pfeffer

Zubereitung:

1. Zuerst waschen Sie den Buchweizen warm ab, schälen die Karotten und die Zwiebel, waschen die Zucchini und schneiden alles in feine Würfel. Die Tomaten waschen Sie ebenfalls, entfernen hier noch den Strunk und entkernen die Tomaten, ehe Sie sie auch in feine Würfel schneiden. Nun schälen Sie die Knoblauchzehe und reiben Sie diese, genau wie die Ingwerwurzel und die Kurkumawurzel. Waschen Sie die Frühlingszwiebel, halbieren Sie diese und schneiden Sie sie dann in dünne Streifen.

2. Nun geben Sie das Öl in eine Pfanne und erhitzen dieses. Geben Sie die Zwiebel, die Knoblauchzehe sowie den Ingwer und das Kurkuma hinzu und lassen Sie alles anschmoren. Geben Sie dann die Karotten- und Zucchinistückchen dazu und lassen Sie diese mit schmoren.

3. Geben Sie als nächstes die Lorbeer- und Bockshornkleeblätter zum Gemüse, rühren Sie den Buchweizen ein und lassen Sie alles andünsten. Schließlich geben Sie den Majoran, das Muskat sowie Salz und Pfeffer dazu und löschen es mit der Gemüsebrühe ab.

4. Lassen Sie die Suppe einmal aufkochen und reduzieren Sie dann die Hitze. Jetzt die Suppe 25-30 Minuten köcheln lassen. Bei Bedarf können Sie noch etwas Gemüsebrühe hinzufügen.

5. 10 Minuten vor Garende geben Sie die Tomatenwürfel und die Frühlingszwiebel hinzu und erwärmen diese in der Suppe.

6. Zum Schluss entfernen Sie die Lorbeer- und Bockhornkleeblätter und schmecken die Suppe mit Salz und Pfeffer ab. Jetzt können Sie die Suppe auf Teller geben und mit Petersilie garnieren.

Nährwertangaben für 2 Portionen:

346 kcal, 48 g Kohlenhydrate, 8 g Proteine, 12 g Fette

Grüne Gemüsesuppe mit Tofu und Miso

Zubereitungszeit: 30 Minuten

Schwierigkeitsgrad: leicht

Zutatenliste für 2 Portionen:

200 g Tiefkühlblattspinat, 2 kleine Zucchini, 2 grüne Paprikaschoten, 200 g Bohnen, 200 g Tofu, 32 g Miso, 4 Frühlingszwiebeln, 700 ml Wasser, 2 Spritzer Sojasauce

Zubereitung:

1. Bringen Sie 200 ml Wasser zum Kochen. Waschen Sie Zucchini, Paprika und Bohnen. Schneiden Sie die Zucchini in dünne Scheiben und die Paprika und die Bohnen in mundgerechte Stücke.

2. Wenn das Wasser kocht, geben Sie den Spinat hinzu und wenn das Wasser dann wieder kocht, geben Sie das restliche Gemüse hinzu. Lassen Sie alles für 10 Minuten köcheln.

3. Schneiden Sie den Tofu in kleine Würfel und die Frühlingszwiebeln in schmale Ringe.

4. Lösen Sie das Miso in 50 ml Wasser auf und geben Sie zu Ende der Kochzeit den Tofu und die Frühlingszwiebeln hinzu. Lassen Sie alles noch einmal 2 Minuten garen.

5. Zum Schluss geben Sie dem Wasser das Miso hinzu und lassen die Suppe kurz aufkochen. Würzen Sie mit Sojasauce nach.

Nährwertangaben pro Portion:

270 kcal, 25 g Kohlenhydrate, 25 g Proteine, 8 g Fett

Grüne Kopfsalat-Suppe

Zubereitungszeit: ca. 40 Minuten

Schwierigkeitsgrad: leicht

Zutatenliste für 2 Portionen:

20 g Butter, 1 kleine Zwiebel, 1 kleine Knoblauchzehe, 1 kleines Lorbeerblatt, 400 ml Gemüsebrühe, 1 Kopfsalat, 100 g saure Sahne, Salz, Pfeffer, Zitronensaft

Zubereitung:

1. Schälen Sie Zwiebel und Knoblauchzehe und hacken Sie beides fein.

2. Erhitzen Sie die Butter in einem kleinen Topf und dünsten Sie Zwiebeln und Knoblauchzehe für 3-5 Minuten glasig.

3. Gießen Sie das Ganze mit Gemüsebrühe auf, geben Sie ein Lorbeerblatt hinzu und lassen Sie alles 10 Minuten köcheln.

4. In der Zwischenzeit waschen Sie den Kopfsalat und legen schöne Blätter beiseite. Bringen Sie etwas Wasser zum Kochen und blanchieren Sie die Salatblätter 1 Minute darin. Schrecken Sie die Blätter ab und lassen Sie sie gut abtropfen.

5. Entfernen Sie das Lorbeerblatt und pürieren Sie die Suppe mit den Salatblättern. Rühren Sie saure Sahne unter und schmecken Sie die Suppe mit Salz, Pfeffer und Zitronensaft ab.

Nährwertangaben pro Portion:

182 kcal, 11 g Kohlenhydrate, 5 g Proteine, 12 g Fett

Rezepte für den kleinen Hunger

Müsli-Beeren-Eis

Zubereitungszeit: 15 Minuten

Schwierigkeitsgrad: leicht

Zutatenliste für 7 Portionen:

120 g Beeren, 200 g Joghurt, 120 ml Milch, 60 g Knuspermüsli, 1-2 TL Honig

Zubereitung:

1. Verrühren Sie Joghurt und Milch miteinander.

2. Teilen Sie die Mischung auf die Eisformen auf und geben Sie ein paar Beeren in diese.

3. Vermischen Sie 1-2 TL Honig mit dem Knuspermüsli und geben Sie die Mischung vorsichtig ganz oben in die Form.

4. Stellen Sie das Eis mindesten 8 Stunden oder am besten über Nacht ins Gefrierfach.

Nährwertangaben pro Portion:

73 kcal, 9 g Kohlenhydrate, 3 g Proteine, 5 g Fett

Zitrusfrucht-Smoothies

Zubereitungszeit: 10 Minuten

Schwierigkeitsgrad: leicht

Zutatenliste für 4 Portionen:

2 Orangen, 2 Grapefruits, 2 EL Limettensaft, 450 ml Orangensaft

Zubereitung:

1. Schälen Sie die Orangen und die Grapefruits, schneiden Sie sie in Stücke und geben Sie die Stücke in einen Mixer. Häckseln Sie alles schön klein.

2. Geben Sie dann die restlichen Zutaten dazu und mixen Sie alles erneut.

3. Kalt genießen Sie die Smoothies am besten!

Nährwertangaben pro Portion:

122 kcal, 25 g Kohlenhydrate, 3 g Proteine, 0,5 g Fett

Smoothie mit Heidelbeeren und Banane

Zubereitungszeit: 5 Minuten

Schwierigkeitsgrad: leicht

Zutatenliste für 2 Portionen:

2 Bananen, 250 g Heidelbeeren, 500 ml Mandelmilch, 2 EL Haferflocken, 2 TL Honig

Zubereitung:

1. Schälen Sie die Bananen und schneiden Sie sie in Stücke.

2. Waschen Sie die Heidelbeeren und pürieren Sie sie gemeinsam mit der Milch, den Bananenstücken, den Haferflocken und dem Honig schaumig.

3. Füllen Sie den Smoothie in Gläser und genießen Sie ihn!

Nährwertangaben pro Portion:

277 kcal, 61 g Kohlenhydrate, 3 g Proteine, 0,6 g Fett

Zitrusfrüchte-Pudding im Glas

Zubereitungszeit: 35 Minuten

Schwierigkeitsgrad: leicht

Zutatenliste für 2 Portionen:

1 Grapefruit, 1 Orange, 2 Scheiben Brioche, ½ TL Speisestärke, 500 ml Milch, 1 Ei (Größe M), 30 g Zucker, 50 g Schlagsahne

Zubereitung:

1. Schälen Sie die Grapefruit und die Orange und entfernen Sie die weiße Haut vollständig. Trennen Sie die Filets mit einem scharfen Messer aus den Trennhäuten heraus. Drücken Sie den Saft aus den Trennhäuten und schneiden Sie die Fruchtfilets, bis auf ein Drittel, in Würfel.

2. Zupfen oder schneiden Sie die Brioche in Stücke.

3. Verrühren Sie die Milch mit der Speisestärke, schlagen Sie das Ei und den Zucker schaumig und lassen Sie die Sahne mit 50 ml des Zitrussafts aufkochen.

4. Gießen Sie den Sahne-Mix und die Milch zu den Eiern.

5. Geben Sie die Hälfte der Brioche auf den Boden der Gläser, verteilen Sie die Hälfte der Fruchtwürfel darüber und geben Sie dann die Hälfte der Sahnemischung darüber. Dann legen Sie darauf wieder etwas Broiche, den Rest der Fruchtwürfel und noch etwas Sahne.

6. Stellen Sie die Gläschen in ein Wasserbad und lassen Sie den Pudding bei 125°C Umluft für ca. 20 Minuten backen.

7. Nehmen Sie die Gläser heraus, lassen Sie sie abkühlen, stellen Sie sie dann in den Kühlschrank und lassen Sie sie eine Stunde auskühlen.

8. Vor dem Servieren lassen Sie die Gläser etwa 10 Minuten bei Raumtemperatur stehen und verzieren den Pudding mit Fruchtfilets.

Nährwertangaben pro Portion:

65 kcal, 8 g Kohlenhydrate, 2 g Proteine, 3 g Fett

Superfood-Nussriegel

Zubereitungszeit: ca. 50 Minuten

Schwierigkeitsgrad: leicht

Zutaten für 6 Riegel:

400 g Nüsse(die, die Sie am liebsten mögen), 5 EL Haferflocken, 1 Handvoll Kürbiskerne, 3 EL Chiasamen, 2 EL Gojibeeren, 1 EL Kakaonibs, 4 getrocknete Datteln, 1 Messerspitze Vanille, 1 TL Zimt, 40 g Buchweizenmehl, 1 Apfel, 4 EL Kokosöl, 1 TL Orangenöl, 1 EL Honig, 1 Handvoll Pistazien

Zubereitung:

Anmerkung: Haben Sie keinen Hochleistungsmixer, lassen Sie die Datteln über Nacht in etwas Wasser einweichen.

1. Hacken Sie die Nüsse grob und vermengen Sie alle Zutaten, außer das Kokosöl und den Honig, in einer großen Schüssel.

2. Schälen Sie den Apfel, entkernen Sie ihn und lassen Sie ihn mit einem Schuss Wasser in einem Topf aufkochen.

3. Geben Sie die Datteln zum Apfel dazu und pürieren Sie beides. Geben Sie beides zusammen mit Kokosöl und Honig zur Nussmenge und vermengen Sie alles gut miteinander.

4. Legen Sie Backpapier auf einem Backblech aus und streichen Sie die Masse auf diesem aus. Drücken Sie die Nussmasse gut fest und ordnen Sie sie in einem Quadrat an, mit etwa 2 cm Dicke.

5. Backen Sie die Nussmasse bei 170°C für 25 Minuten im vorgeheizten Backofen.

6. Lassen Sie die Masse auskühlen und teilen Sie sie in 6 Riegel. In einer luftdicht verschlossenen Dose halten die Riegel bis zu 3 Wochen!

Nährwertangaben pro Riegel:

548 kcal, 23 g Kohlenhydrate, 17 g Proteine, 40 g Fett

Grüner Smoothie mit Apfel, Kiwi und Spinat

Zubereitungszeit: 10 Minuten

Schwierigkeitsgrad: leicht

Zutaten für 2 Portionen:

500 ml Wasser, 2 grüne Äpfel, 60 g Spinat, 4 Kiwis, Saft einer Zitrone

Zubereitung:

1. Schälen Sie die Kiwis und die Äpfel und würfeln Sie beides. Waschen Sie den Spinat und trocknen Sie ihn gut.

2. Geben Sie alle Zutaten in den Mixer und richten Sie die Smoothies in Gläsern an.

Nährwertangaben pro Portion:

130 kcal, 25 g Kohlenhydrate, 2 g Proteine, 1 g Fett

Apfelchips

Zubereitungszeit: 70 Minuten

Schwierigkeitsgrad: leicht

Zutatenliste für ein Blech Apfelchips:

2-3 Äpfel, etwas Zitronensaft

Zubereitung:

1. Waschen Sie die Äpfel sorgfältig und schneiden Sie beide Seiten auf Höhe des Strunks ab. Raspeln Sie die Äpfel dann in feine Scheiben, bis das Kerngehäuse erscheint. Schneiden Sie dieses heraus und raspeln Sie dann weiter.

2. Verteilen Sie die Apfelchips auf einem Backblech und bepinseln Sie sie mit Zitronensaft.

3. Backen Sie die Chips bei 180°C für ca. 1 Stunde.

Nährwertangaben pro Blech:

142 kcal; 32 g Kohlenhydrate; 0,8 g Proteine; 0,5 g Fett

Kokosmilch-Beeren-Smoothie

Zubereitungszeit: 5 Minuten

Schwierigkeitsgrad: leicht

Zutaten für 2 Portionen:

400 ml Kokosmilch, 250 g frische oder gefrorene Beeren, 1 TL Honig, 1 EL Zitronensaft

Zubereitung:

1. Vermischen Sie die Beeren und die Kokosmilch mit einem Pürierstab.

2. Schmecken Sie den Smoothie nach Bedarf mit Honig und Zitronensaft ab.

Nährwertangaben pro Portion:

301 kcal; 10 g Kohlenhydrate; 0,5 g Proteine; 24 g Fett

Clementinen-Apfel-Smoothie

Zubereitungszeit: 10 Minuten

Schwierigkeitsgrad: leicht

Zutatenliste für 1 Smoothie:

1 großer Apfel, 5-6 Clementinen, etwas ACE-Saft

Zubereitung:

1. Waschen Sie den Apfel, schälen Sie ihn und entkernen Sie ihn. Schneiden Sie den Apfel dann in größere Stücke.

2. Geben Sie 1 ½ Schnapsgläser ACE-Saft zu den Apfelstücken und pürieren Sie die Mischung gut durch.

3. Schälen Sie die Clementinen, halbieren und pressen Sie sie aus. Das Fruchtfleisch pürieren Sie und geben es dann in die Apfelmischung. Dann pürieren Sie alles noch einmal schaumig.

Nährwertangaben pro Portion:

183 kcal; 41 g Kohlenhydrate; 2 g Proteine; 0,7 g Fett

Cremiges Beereneis ohne Eismaschine

Zubereitungszeit: ca. 10 Minuten

Schwierigkeitsgrad: leicht

Zutatenliste für 2 Portionen:

150 g TK-Waldbeeren, 30 g Puderzucker, 60 ml Sahne, etwas frische Minze

Zubereitung:

1. Zerkleinern Sie die Beeren mit dem Puderzucker im Mixer und geben Sie anschließend die Sahne hinzu. Mischen Sie alles zu einer feinen Creme.

2. Formen Sie die Eiscreme in Kugeln und garnieren Sie sie mit etwas Minze.

Nährwertangaben pro Portion:

340 kcal, 60 g Kohlenhydrate, 2 g Proteine, 10 g Fett

Sommerliche Apfel-Kokos-Bällchen

Zubereitungszeit: 10 Minuten

Schwierigkeitsgrad: leicht

Zutatenliste für 9 Bällchen:

250 g Kokosraspeln, 1 Apfel mit Schale, 2 EL Kokosöl, 1 EL Honig, 3 EL Kokosmus, Vanilleschotenpulver

Zubereitung:

1. Entkernen Sie den Apfel und schneiden Sie ihn in grobe Stücke.

2. Geben Sie alle Zutaten in einen Standmixer und vermischen Sie alles zu einer Masse.

3. Formen Sie die Masse zu 9 Bällchen und geben Sie sie ins Gefrierfach.

4. Die Bällchen frisch aus dem Gefrierfach genießen, für eine Erfrischung im Sommer!

Nährwertangaben pro Bällchen:

216 kcal, 6 g Kohlenhydrate, 2 g Proteine, 19 g Fett

Matcha-Kokos-Energy-Balls

Zubereitungszeit: 25 Minuten

Schwierigkeitsgrad: leicht

Zutaten für 12 Bällchen:

120 g Datteln, 170 g gemahlene Mandeln, 1-2 EL Kokosmus, 1-2 EL Kokosöl, 2 TL Matchapulver, Für das Topping: 1 Handvoll Kokosflocken, ½ TL Matchapulver

Zubereitung:

1. Entkernen Sie die Datteln und weichen Sie sie für 15 Minuten in heißem Wasser ein.

2. Für das Topping: Geben Sie die Kokosflocken und den halben TL Matchapulver in eine Schüssel und mischen Sie alles gut durch.

3. Lassen Sie die Datteln abtropfen und geben Sie sie mit den restlichen Zutaten in einen Mixer oder pürieren Sie sie mit dem Pürierstab, bis eine klebrige Masse entsteht.

4. Aus der Matcha-Kokos-Masse formen Sie kleine Bällchen und rollen diese in der Kokosraspel-Mischung.

5. Im Kühlschrank aufbewahrt sind die Bällchen 1 Woche haltbar.

Nährwertangaben pro Bällchen:

150 kcal, 8 g Kohlenhydrate, 4 g Proteine, 11 g Fett

Beeren-Joghurt-Bars

Zubereitungszeit: 2 Stunden 10 Minuten

Schwierigkeitsgrad: leicht

Zutatenliste für 2 Portionen:

25 g Himbeeren, 25 g Erdbeeren, 150 g griechischer Joghurt, 1 EL Honig, 5 g Schokodrops

Zubereitung:

1. Waschen Sie die Beeren und zerkleinern Sie diese grob. Belegen Sie danach ein Holzbrett mit Backpapier.

2. Mischen Sie den Joghurt mit dem Honig, den Himbeeren, den Schokodrops und der Hälfte der Erdbeeren.

3. Verteilen Sie die Mischung auf dem Backpapier und bestreuen Sie sie mit dem Rest der Erdbeeren.

4. Stellen Sie die Joghurt-Bars mit dem Holzbrett für etwa 2 Stunden in den Gefrierschrank. Teilen Sie die gefrorene Masse in kleine Stücke und geben Sie sie in eine Frischhaltedose und zurück in den Gefrierschrank. Nach Bedarf können Sie nun immer wieder zu langen!

Nährwertangaben pro Portion:

146 kcal, 12 g Kohlenhydrate, 3 g Proteine, 8 g Fett

Matcha Latte

Zubereitungszeit: 10 Minuten

Schwierigkeitsgrad: leicht

Zutatenliste für 1 Glas:

1 TL Matchapulver, 1 EL heißes Wasser, 250 ml Milch

Zubereitung:

1. Verrühren Sie das Matchapulver mit dem heißen Wasser in einer Schale. Am besten machen Sie dies mit einem Schneebesen, damit keine Klümpchen entstehen.

2. Geben Sie die Milch in ein Glas oder in eine Tasse und schäumen Sie sie auf.

3. Geben Sie den Matcha-Tee zur Milch. Vorsicht, rühren Sie den Tee nicht zu schnell ein!

Nährwertangaben pro Glas:

46 kcal; 1 g Kohlenhydrate; 9 g Proteine; 0,1 g Fett

Nektarinen-Weintrauben-Smoothie

Zubereitungszeit: 5 Minuten

Schwierigkeitsgrad: leicht

Zutatenliste für 1 Smoothie:

1 Banane, 2 Nektarinen, 160 g Weintrauben, 100 ml Apfelsaft

Zubereitung:

1. Geben Sie die Früchte in einen Mixer und mischen Sie sie gut.

2. Vermischen Sie die Fruchtmasse mit dem Saft und servieren Sie den Smoothie kalt.

Nährwertangaben pro Smoothie:

392 kcal, 87 g Kohlenhydrate, 5 g Proteine, 2 g Fett

Matcha Milchshake mit Kokossahne und Schokosauce

Zubereitungszeit: 15 Minuten

Schwierigkeitsgrad: leicht

Zutatenliste für 2 Portionen:

2 Bananen, 2 Handvoll Spinat, 600 ml Mandel-, Soja- oder Kokosmilch, 3 EL Vanille-Proteinpulver, 2 TL Matchapulver, 1 Vanilleschote, 2 Handvoll Eiswürfel, 4 EL Zartbitterschokosauce, 1 Dose Kokosmilch, 1 EL Kakaonibs

Zubereitung:

1. Geben Sie die Bananen mit dem Spinat, der Milch und dem Proteinpulver sowie mit dem Matchapulver in einen Mixer.

2. Schneiden Sie die Vanilleschote längs auf und kratzen Sie das Mark heraus. Geben Sie dieses zu den Zutaten im Mixer dazu. Dann mixen Sie alles gut durch.

3. Geben Sie je 2 EL Schokosauce in 2 Gläser und verteilen Sie diese etwas am Rand. Geben Sie dann eine Handvoll Eiswürfel dazu und den Milchshake.

4. Öffnen Sie die Kokosmilchdose (muss mindestens 5 Stunden kühl gestanden haben) und gießen Sie das Kokoswasser ab. Geben Sie die Creme dann in eine Rührschüssel und schlagen Sie sie cremig.

5. Geben Sie etwas von der Kokossahne auf die Milchshakes und bestreuen Sie sie mit Kakaonibs.

Nährwertangaben pro Milchshake:

608 kcal, 58 g Kohlenhydrate, 16 g Proteine, 32 g Fett

Matcha-Eiweiß-Riegel

Zubereitungszeit: 140 Minuten

Schwierigkeitsgrad: leicht

Zutatenliste für 12 kleine Riegel:

100 g Haferflocken, 50 g Buchweizenflocken, 100 g Mandeln, 50 g Kürbiskerne, 75 g Datteln, 75 g Feigen, 75 g Sonnenblumenkerne, 50 g geschrotete Leinsamen, 2-3 EL Matchapulver, 5 EL Kokosflocken, 3 EL Kokosraspeln, 1 EL Kakaonibs, 3 TL Hanfsamen (geschält), 3 TL Chiasamen, 200 g weißes Mandelmus, 75 g Apfelmus, 75 ml Ahornsirup

Zubereitung:

1. Geben Sie alle trockenen Zutaten in eine Schüssel und vermischen Sie sie gut.

2. Rösten Sie die Mandel- und Kürbiskerne fettfrei in einer Pfanne.

3. Schneiden Sie die Datteln und Feigen in Stücke und geben Sie sie zusammen mit den Kernen zu den trockenen Zutaten hinzu. Vermischen Sie alles gut miteinander.

4. Das Mandelmus, Apfelmus und den Ahornsirup vermischen Sie in einer separaten Schüssel miteinander und geben den Mix dann zu den trockenen Zutaten hinzu. Vermischen Sie alles, bis eine homogene Masse entsteht.

5. Legen Sie Backpapier auf der Arbeitsfläche aus und verteilen Sie die Masse gleichmäßig darauf. Drücken Sie die Masse mit einem Löffel fest und geben Sie Frischhaltefolie darauf. Drücken Sie dann noch einmal alles mit einem Nudelholz fest, damit ein gleichmäßiges Rechteck entsteht.

6. Geben Sie die Masse für 1-2 Stunden in den Kühlschrank und schneiden Sie sie dann in Riegel.

Nährwertangaben pro Riegel:

414 kcal, 25 g Kohlenhydrate, 11 g Proteine, 28 g Fett

Grüntee-Limonade

Zubereitungszeit: 10 Minuten

Schwierigkeitsgrad: leicht

Zutatenliste für 2 Portionen:

1 Beutel grüner Tee, 250 ml Wasser, 250 ml Zitronenlimonade, 1 Zitrone, Eiswürfel

Zubereitung:

1. Übergießen Sie den Teebeutel mit 250 ml kochendem Wasser und lassen Sie ihn 6-8 Minuten ziehen. Warten Sie dann, bis der Tee abgekühlt ist.

2. Mischen Sie den Tee mit der Zitronenlimonade, schneiden Sie die Zitrone in Scheiben und verteilen Sie sie auf die Gläser.

3 Geben Sie dann die Eiswürfel und die Grüntee-Limonade dazu.

Nährwertangaben pro Glas:

41 kcal, 10 g Kohlenhydrate, 0 g Eiweiß, 0 g Fett

Matcha-Taler mit Schokolade

Zubereitungszeit: 30 Minuten

Schwierigkeitsgrad: leicht

Zutatenliste für 15 Taler:

130 g Kokosmus, 5 EL gemahlene Mandeln, 2 TL Matchapulver, 4-5 EL Reissirup, 250 g Zartbitterschokolade, 1 TL Kokosöl, Für die Deko: Kakaonibs, Meersalz, Matcha

Zubereitung:

1. Vermengen Sie das Kokosmus mit den gemahlenen Mandeln, dem Reissirup und dem Matchapulver. Kneten Sie die Masse kurz durch und lassen Sie den Teig 10 Minuten im Kühlschrank ruhen.

2. Hacken Sie die Schokolade in der Zwischenzeit klein und schmelzen Sie sie mit dem Kokosöl über einem Wasserbad.

3. Legen Sie ein Muffinblech mit Muffinformen aus. Holen Sie die Matcha-Mandel-Masse aus dem Kühlschrank.

4. Gießen Sie jeweils 2 TL Schokolade in die Muffinförmchen und lassen Sie die Schokolade 3-4 Minuten antrocknen.

5. Formen Sie jeweils 1 TL der Mandelmasse zu Kugeln und geben Sie sie in die Muffinförmchen, drücken Sie sie leicht flach.

6. Befüllen Sie jedes Förmchen mit 2-3 TL Schokolade.

7. Lassen Sie die Taler im Kühlschrank ruhen, bis die Schokolade angetrocknet ist. Bestreuen Sie die Taler zum Schluss mit etwas Kakaonibs, Matcha und Meersalz.

Nährwertangaben Pro Taler:

188 kcal, 13 g Kohlenhydrate, 3 g Proteine, 13 g Fett

Fingerfood-Trauben im Schokomantel

Zubereitungszeit: 20 Minuten

Schwierigkeitsgrad: leicht

Zutatenliste für 1 Packung Trauben:

500 g Trauben, 1-2 Tafeln Zartbitterschokolade, gehackte Nüsse Ihrer Wahl

Zubereitung:

1. Schmelzen Sie die Schokolade in der Mikrowelle oder dem Wasserbad.

2. Stecken Sie die Trauben auf Zahnstocher und tauchen Sie sie in die Schokolade ein, bestreuen Sie sie mit Nüssen.

Nährwertangaben Pro 500g Trauben:

1639 kcal, 186 g Kohlenhydrate, 22 g Proteine, 83 g Fett

Matcha-Minz-Eis am Stiel

Zubereitungszeit: 5 Stunden und 30 Minuten

Schwierigkeitsgrad: leicht

Zutatenliste für 6 Eis:

100 ml Mandelmilch, 40 g Mandelmus, 50 g Zucker, 1 TL Matchapulver, 4 Minzblättchen, 200 g aufschlagbare Sojacreme

Zubereitung:

1. Erhitzen Sie die Mandelmilch mit dem Mus und dem Zucker, geben Sie das Matchapulver hinzu und lassen Sie die Mischung unter Rühren kurz aufkochen. Legen Sie die Minzblättchen in die Milchmischung und stellen Sie sie für 20 Minuten kalt.

2. Entfernen Sie die Minzblättchen und schlagen Sie die Mandelmischung mit der Sojacreme cremig.

3.Verteilen Sie die Mischung in Eisförmchen mit Stielen und stellen Sie sie für mindestens 5 Stunden in den Gefrierschrank.

Nährwertangaben pro Eis:

141 kcal, 12 g Kohlenhydrate, 2 g Proteine, 9 g Fett

Smoothie mit Mango und grünem Tee

Zubereitungszeit: 5 Minuten

Schwierigkeitsgrad: leicht

Zutatenliste für 2 Portionen:

200 ml kühler grüner Tee, 1 Mango, 2 Bananen, 1 Handvoll Rucola, Saft einer halben Limette, Minze

Zubereitung:

1. Schälen und würfeln Sie die Mango und die Bananen.

2. Geben Sie alle Zutaten in einen Mixer und mischen Sie alles gut durch.

3. Garnieren Sie die Smoothies mit ein paar Blättchen Minze.

Nährwertangaben pro Portion:

158 kcal; 32 g Kohlenhydrate; 3 g Proteine; 1,5 g Fett

Kokos-Matcha-Kuchen

Zubereitungszeit: ca. 2 Stunden

Schwierigkeitsgrad: leicht

Zutatenliste für einen Kuchen:

120 g Butter, 130 g brauner Zucker, Vanille, 2 Eier, 1 Prise Salz, 165 g Mehl, 1 TL Backpulver, 160 ml Kokosmilch, 1 EL Matchapulver, 35 g Kokosraspeln, 6 EL Puderzucker

Zubereitung:

1. Heizen Sie den Backofen auf 180°C vor und fetten Sie eine Kastenform ein.

2. Schmelzen Sie die Butter und schlagen Sie sie mit dem Zucker schaumig.

3. Geben Sie die Eier zum Zuckerschaum hinzu, rühren Sie sie gut unter und geben Sie dann die Vanille dazu.

4. Mischen Sie alle trockenen Zutaten miteinander.

5. Rühren Sie abwechselnd den Mehl-Mix und die Kokosmilch unter die Eimasse.

6. Halbieren Sie den Teig und rühren Sie in eine Hälfte Kokosraspeln unter. In die andere Hälfte rühren Sie das Matchapulver unter.

7. Geben Sie die Teige abwechselnd in die Kastenform und streichen Sie den Teig abschließend glatt.

8. Backen Sie den Kuchen für 50-60 Minuten. Lassen Sie ihn danach auskühlen und lösen Sie ihn aus der Form.

9. Für den Guss: Verrühren Sie den Puderzucker mit 1 EL Kokosmilch und träufeln Sie die Mischung über den Kuchen. Bestreuen Sie den Kuchen dann mit Kokosraspeln.

Nährwertangaben für 1 Stück Kuchen:

342 kcal, 41 g Kohlenhydrate, 4 g Proteine, 16 g Fett

Zitrus-Guacamole mit Grapefruit, Orange und Frühlingszwiebeln

Zubereitungszeit: ca. 20 Minuten

Schwierigkeitsgrad: leicht

Zutatenliste für 2 Portionen:

1 reife Avocado, 1 rosa Grapefruit, 1 Blutorange, 1 Limette, ½ TL Instant-Gemüsebrühe, 1 TL Salz, 2 Prisen Pfeffer, 4 Frühlingszwiebeln, 5 Zweige Koriander

Zubereitung:

1. Halbieren, entkernen und höhlen Sie die Avocado aus, ehe Sie sie in eine Schüssel geben und mit einer Gabel zu einer groben Creme zerdrücken. Rühren Sie den Saft einer halben Limette, Salz, Pfeffer und das Brühpulver unter die Masse.

2. Schälen Sie die Grapefruit und die Blutorange mitsamt der weißen Schale und schneiden Sie beides in dünne Scheiben. Würfeln sie beides mit einem scharfen Messer.

3. Heben Sie das gewürfelte Fruchtfleisch unter die Guacamole.

4. Putzen Sie die Frühlingszwiebeln gut und entfernen Sie die äußere Haut, ehe Sie sie in dünne Ringe schneiden. Den Koriander hacken Sie fein und rühren beides unter die Guacamole.

5. Schmecken Sie die Guacamole mit Salz und Pfeffer ab und servieren Sie sie als Dip oder Brotaufstrich.

Nährwertangaben pro Portion:

87 kcal, 5 g Kohlenhydrate, 1 g Proteine, 6 g Fett

Orangenplätzchen mit Matcha-Glasur

Zubereitungszeit: 2 Stunden und 30 Minuten

Schwierigkeitsgrad: leicht

Zutatenliste für 10 Plätzchen:

200 g kalte Butter, 2 Orangen, 200 g Mehl, 150 g Butter, 2 Eigelb, 1 Prise Salz, Für die Glasur: 1 Eiweiß, 200 g Puderzucker, 2-3 EL Matchapulver

Zubereitung:

1.Schneiden Sie die Butter in kleine Stücke, spülen Sie die Orange heiß ab, tupfen Sie sie trocken und reiben Sie die Schale dünn ab.

2. Verkneten Sie die Butter, die Orangenschale, das Mehl und den Zucker sowie die Eigelbe zu einem glatten Teig.

3. Formen Sie den Teig zu einer Kugel und stellen Sie diese für 2 Stunden kalt.

4. Heizen Sie den Backofen auf 200°C Ober- und Unterhitze vor.

5. Rollen Sie den Teig auf wenig Mehl etwa ½ cm dick aus und schneiden Sie ihn Dreiecke.

6. Legen Sie den Teig auf ein mit Backpapier ausgelegtes Backblech und lassen Sie ihn bei 8-10 Minuten im vorgeheizten Ofen backen.

7. Nehmen Sie die Plätzchen vom Backblech und lassen Sie sie abkühlen.

8. In der Zwischenzeit schlagen Sie das Eiweiß auf und rühren Puderzucker und Matcha unter, bis eine gleichmäßige Glasur entsteht.

9. Geben Sie die Glasur in einen Spritzbeutel mit kleiner Lochtülle und glasieren Sie die Plätzchen damit.

Nährwertangaben pro Plätzchen:

395 kcal, 58 g Kohlenhydrate, 5 g Proteine, 15 g Fett

Chiapudding mit Kaki und Walnüssen

Zubereitungszeit: 45 Minuten

Schwierigkeitsgrad: leicht

Zutatenliste für 2 Portionen:

300 ml Kokosdrink, 50 g Chiasamen, 1 Kaki, 2 TL Agavendicksaft, 2 TL Leinöl, 20 g Walnüsse

Zubereitung:

1. Geben Sie den Kokosdrink und 100 ml kaltes Wasser in eine Schüssel. Rühren Sie dann die Chiasamen mit einem Schneebesen ein und lassen Sie sie mindestens 30 Minuten quellen.

2. Für das Topping: Waschen, trocknen und schälen Sie die Kaki, ehe Sie sie in Würfel schneiden. Mischen Sie sie dann mit dem Leinöl und dem Agavendicksaft. Hacken Sie die Walnüsse grob.

3. Nehmen Sie den Pudding aus dem Kühlschrank und geben Sie das Topping darauf.

Nährwertangaben pro Portion:

290 kcal, 18 g Kohlenhydrate, 7 g Proteine, 20 g Fett

Gemüsechips

Zubereitungszeit: 2 Stunden und 29 Minuten

Schwierigkeitsgrad: leicht

Zutatenliste für 2 Backbleche Chips:

500g Gemüse (z. B. Blumenkohl, Brokkoli, Grünkohl, Möhren, Petersilienwurzel), 2 EL Zitronensaft, 3 EL weißes Mandelmus, 1 TL brauner Zucker, Chilipulver, Kreuzkümmel, Salz, Muskat

Zubereitung:

1. Waschen Sie das Gemüse und lassen Sie es dann abtropfen. Das Gemüse wird nicht geschält!

2. Schneiden Sie das Wurzelgemüse hauchdünn mit einem scharfen Messer oder einem Hobel.

3. Den Blumenkohl und den Brokkoli schneiden Sie in Röschen und dann ebenso in dünne Scheibchen. Verwenden Sie auch die Krümel! Schälen Sie die Stiele gründlich und schneiden Sie diese ebenso in feine Scheiben.

4. Schneiden Sie die dicken Blattrippen aus den Grünkohlblättern und reißen Sie die Blätter in 5 cm große Stücke.

5. Verrühren Sie den Zitronensaft und das Mandelmus miteinander und würzen Sie es mit Zucker, Chilipulver, Muskat, Kreuzkümmel und Salz.

6. Mischen Sie die Masse mit dem Gemüse.

7. Verteilen Sie das Gemüse auf 2 Backbleche und lassen Sie es bei 100°C Umluft etwas knusprig trocknen. Hierbei braucht der Grünkohl nur eine Stunde, der Rest des Gemüses 2 Stunden. Überprüfen Sie gegen Ende der Trockenzeit das Gemüse, damit es nicht zu dunkel wird.

8. Passt super zu Dips, wie Guacamole oder Joghurt!

Nährwertangaben Pro 100g Chips:

85 kcal, 6 g Kohlenhydrate, 4 g Proteine, 5 g Fett

Überbackener Ofen-Blumenkohl

Zubereitungszeit: 1 Stunde und 15 Minuten

Schwierigkeitsgrad: leicht

Zutatenliste für ein Blech Blumenkohl:

1 Blumenkohl, 70 g Paniermehl, 30 g Parmesan, 1 TL Salz, schwarzer Pfeffer, Thymian (gehackt), 2 Eier, 3 EL Milch, 70 g Mehl, 50 ml Olivenöl, Für den Dip: 10 g geriebener Parmesan, Salz, Pfeffer, 1 TL Knoblauchpulver, 150 g Crème Fraîche

Zubereitung:

1. Bringen Sie gesalzenes Wasser in einem Topf zum Kochen.

2. Waschen Sie währenddessen den Blumenkohl und schneiden Sie ihn in Röschen. Kochen Sie ihn dann für etwa 10 Minuten bissfest und lassen Sie ihn danach abkühlen.

3. Heizen Sie den Ofen auf 220°C Umluft vor.

4. Mischen Sie Paniermehl, Parmesan und Gewürze und geben Sie die Masse auf einen tiefen Teller.

5. Verquirlen Sie Eier und Milch auf einem zweiten tiefen Teller und geben Sie das Mehl in eine flache Schüssel.

6. Wenden Sie die Blumenkohlröschen erst im Mehl, dann in der Ei-Masse und schließlich in der Paniermehlmasse.

7. Die panierten Röschen legen Sie auf ein mit Backpapier ausgelegtes Backblech. Vermengen Sie den Rest des Paniermehls mit der Ei-Masse und geben Sie die nun entstandene Masse über die Röschen.

8. Beträufeln Sie alles mit Olivenöl und geben Sie die panierten Röschen für 15-20 Minuten in den Backofen, bis sie Goldbraun sind.

9. In der Zwischenzeit rühren Sie die Zutaten für den Dip zusammen.

Nährwertangaben pro 100g:

156 kcal, 14 g Kohlenhydrate, 6 g Proteine, 8 g Fett

Haftungsausschluss

Die Umsetzung aller enthaltenen Informationen, Anleitungen und Strategien dieses Buches erfolgt auf eigenes Risiko. Für etwaige Schäden jeglicher Art kann der Autor aus keinem Rechtsgrund eine Haftung übernehmen. Für Schäden materieller oder ideeller Art, die durch die Nutzung oder Nichtnutzung der Informationen bzw. durch die Nutzung fehlerhafter und/oder unvollständiger Informationen verursacht wurden, sind Haftungsansprüche gegen den Autor grundsätzlich ausgeschlossen. Ausgeschlossen sind daher auch jegliche Rechts- und Schadenersatzansprüche. Dieses Werk wurde mit größter Sorgfalt nach bestem Wissen und Gewissen erarbeitet und niedergeschrieben. Für die Aktualität, Vollständigkeit und Qualität der Informationen übernimmt der Autor jedoch keinerlei Gewähr. Auch können Druckfehler und Falschinformationen nicht vollständig ausgeschlossen werden. Für fehlerhafte Angaben des Autors kann keine juristische Verantwortung sowie Haftung in irgendeiner Form übernommen werden.

Urheberrecht

1. Auflage

Kontakt: JT-Handels-UG/ Berumer Str. 44/ 26844 Jemgum